UNE

EXPOSITION DE DESSINS ANCIENS

AU CERCLE ARTISTIQUE

Tiré à 100 exemplaires, dont 25 sur papier de Hollande.

SOCIÉTÉ DES AMIS DES ARTS

— CERCLE ARTISTIQUE —

L'EXPOSITION DE DESSINS ANCIENS

DE DÉCEMBRE ET JANVIER 1877 - 1878

ÉTUDE

PAR

LOUIS BRÈS

Membre de la *Société des Amis des Arts*

MARSEILLE

TYP. ET LITH. BARLATIER-FEISSAT PÈRE ET FILS

Rue Venture, 19

1878

UNE

EXPOSITION DE DESSINS ANCIENS

AU CERCLE ARTISTIQUE

— ÉTUDE —

I

« Peu de gens connaissent ce grand bonheur de regarder des dessins anciens en fumant des cigares opiacés : c'est mêler le nuage de la ligne au rêve de la fumée (1). » Cette pensée des frères de Goncourt exprime à merveille la sensation qu'éveille chez l'amateur la vue d'un dessin de maître. Cela dit assez qu'il n'est pas nécessaire, pour que la jouissance soit très vive, que le dessin soit une œuvre ordonnée, achevée, complète. Au contraire : le moindre griffonnement sur un chiffon de papier est sou-

(1) Edm. et Jules de Goncourt. — *Idées et Sensations.*

vent ce qui ouvre toute grande à l'esprit la porte du rêve et de l'extase.

Ces lignes ondoyantes, capricieuses comme le nuage du cigare, l'œil de l'amateur les suit et les déchiffre. Il y voit la pensée du maître et quelque chose même de plus subtil et de plus fugace, ce que l'on pourrait appeler l'embryon d'une idée pittoresque. Cette feuille inachevée que l'artiste a jetée de côté, on ne sait pourquoi, est l'émanation la plus intime de son génie. Elle n'est pas sans analogie avec cette lueur subite dans laquelle l'écrivain a entrevu un instant le germe d'une œuvre nouvelle et où, dans la chaleur de la conception, il a mis un peu du meilleur de lui-même. Ce qui ne fait, que glisser dans le cerveau de l'homme de lettres, le peintre en jette l'empreinte sur le papier. De là ce caractère de personnalité absolue, d'intimité géniale des dessins de maître. Bien mieux que dans ses toiles, que dans ses œuvres caressées et achevées, l'artiste est là tout entier. Ses qualités, ses défauts, son tempérament sont à nu dans cette esquisse où, surexcité par la création, il ne songe point au public et est simplement lui-même.

Si franche et si caractéristique est cette première empreinte, que nous voyons en quelque sorte l'artiste à l'œuvre. Penché sur sa feuille, il attaque sa figure avec la vivacité hâtive de l'homme que l'idée obsède, il la sabre de hachures ou la serre dans un lacis de traits mouvants, il la souligne par des accents nerveux, il la poche d'ombres énergiques. Nous voyons la sanguine ou le crayon noir tourner entre ses doigts ; nous entendons grincer la plume sur le papier ; nous croyons surprendre, sur la figure même de l'artiste, le rayon de joie qui trahit sa satisfaction intime ou le froncement de sourcils qui accompagne l'effort de la création.

Que de secrets l'étude des dessins de maître nous révèle ! Que de surprises et de leçons ! Pour qui a mordu à cette grappe savoureuse, il n'est pas d'attrait plus irrésistible, de passion plus doucement captivante.

« Peu de gens connaissent ce grand bonheur... » ont dit les frères de Goncourt ; et c'est vrai. Bien peu estiment à leur valeur ces feuilles volantes, bien peu savent lire dans ces linéaments exquis, bien peu savent voir dans ces chiffons jaunis le papillon aux ailes palpitantes que le vieux maître a fixé d'une épingle.

C'est une étude longue et difficile que celle des dessins, et qui ne va pas sans le culte des maîtres. Pour apprendre à connaître les œuvres, il faut aimer sincèrement ceux à qui nous les devons, toucher avec respect ces vieux papiers, les considérer comme une relique qui a retenu quelque chose du souffle de l'artiste. C'est en nous complaisant ainsi dans l'intimité des vieux maîtres, que peu à peu nous parviendrons à pénétrer leur génie. Nous reconnaîtrons l'artiste à un trait caractéristique, à un écrasement de crayon, à un mouvement de plume, à des accents répétés, à des riens, à des bonheurs de main, qui sont comme des locutions familières, des formules favorites. Nous trouverons à ses productions les plus diverses comme un air de famille qui nous les fera distinguer entre mille et leur sourire comme à de vieux amis.

Certainement l'amateur de dessins est en butte à bien des supercheries, et le plus érudit et le plus fin peut être mis en défaut. Dans sa remarquable étude sur la collection de dessins du Louvre, M. Reiset, conservateur de ce fonds incomparable, nous apprend que l'un des plus célèbres amateurs du XVIIe siècle, Evrard Jabach, l'ami de Van Dyck, et qui était d'ailleurs un éminent connaisseur, avait dans sa collection de dessins un certain nombre de pièces apocryphes, et qu'il classait précisément ces copies parmi ses plus beaux dessins. Notez que, selon l'expression même de M. Reiset, la collection de Jabach était choisie entre toutes. Elle provenait en grande partie des dépouilles artistiques de Charles Ier, dont l'enchère ne dura pas moins de trois années et fit sortir des palais royaux d'Angleterre des merveilles de toute sorte. C'est de la collection de Jabach, acquise plus tard par Louis XIV, qu'ont été tirés quantité de morceaux admirables qui sont l'honneur du cabinet des dessins du Louvre. A cette même collection appartenaient également quelques-unes des plus belles toiles de notre galerie nationale, le *Christ porté au tombeau*, du Titien, les *Pèlerins d'Emmaüs*, du même maître, la *Maîtresse du Titien*, le *Concert Champêtre*, du Giorgion, la *Vertu victorieuse*, du Corrége, le *Portrait d'Erasme*, d'*Holbein*, et vingt autres non moins illustres.

Si de tels connaisseurs peuvent se tromper, cela prouve tout simplement que, sur les choses comme sur les hommes, les meilleurs esprits se font quelquefois illusion. Nous croyons bon d'en consigner ici la remarque, en présence d'une collection d'œuvres ayant en général le caractère d'une incontestable authenticité, mais dont quelques unes peuvent éveiller des doutes, hormis dans l'esprit de leur possesseur.

Il est tant de motifs qui poussent l'amateur à se complaire dans ce qui est sien ! Tant de liens l'attachent à ses trouvailles ! Chacune de ces feuilles a son histoire, et il en est qui sont de véritables romans. Il est tel dessin qu'il a convoité pendant des années. Le morceau était dans le cabinet d'un ami, d'un confrère en curiosité. Notre homme allait secrètement lui faire ses dévotions sous prétexte de rendre visite à son ami, et il emportait chaque fois son désir mieux enraciné. Il a proposé des échanges, il a offert de l'argent, il a usé de ruse :

peine inutile ! Enfin le dessin lui est échu à la mort du collectionneur ; il l'a enlevé au feu des enchères et l'a emporté triomphant dans son cabinet. Eh bien, si un jeu cruel du sort voulait que ce cher et précieux morceau ne fût pas absolument authentique, prêtât à la critique par quelque point, croyez-vous que notre homme ne serait pas excusable de persister dans son illusion ?

Plus ou moins, chacune des pièces dont se compose un cabinet a fait naître des émotions de cette nature. Ah ! l'on ne sait pas assez ce que c'est qu'un collectionneur ! Essayons d'en tracer un léger crayon. Il sort de chez lui de grand matin, la cravate négligemment nouée, l'œil brillant et la narine dilatée. Notre amateur entre en chasse. Les marchands de curiosités, les magasins de vieux meubles, les bric-à-brac borgnes, les petits étalagistes sont ses étapes. Il connaît tous les gîtes et veut y donner un coup-d'œil chaque matin. Il n'est pas d'ailleurs de petit cadre derrière une vitre fumeuse qui ne l'attire. Une fois dans la boutique, il furète dans tous les coins, caressant le chat de la maison et agaçant du doigt le perroquet dans sa cage. Un vieux portefeuille de maroquin rouge, bourré d'estampes ou de dessins, se prélasse sur les ais disjoints d'un fauteuil : notre homme tombe en arrêt ; et là, pendant une heure, il feuillette d'un doigt fébrile les papiers jaunis, s'arrêtant parfois, retirant une feuille et la présentant à la lumière pour en voir le filigrane. Il choisit ainsi deux ou trois morceaux, quelquefois tout un lot, et, le prix débattu, il rentre chez lui avec le cher butin dont la valeur a décuplé à ses yeux par cela même qu'il est sien.

Les marchands connaissent notre homme ; ils savent ses goûts et lui mettent de côté les morceaux dont il est friand ; mais ils ne se font point faute aussi de lui tenir parfois la dragée haute. Ce sont alors des marchandages sans fin, de feintes sorties et de brusques retours, tout une tactique savante. Il est tel cadre de son cabinet devant lequel notre amateur ne passe jamais sans un sourire d'orgueil, car il lui rappelle une victoire.

C'est de la passion que cela, mais une passion raffinée, réfléchie, diplomatique ! Celui qui y est en proie n'est pas trop à plaindre vraiment.

La curiosité des dessins est d'ailleurs d'aussi bonne souche qu'aucune autre. Elle est pour le moins aussi ancienne que celle des tableaux. Nous avons nommé Jabach qui, au XVIIe siècle, à côté des toiles inestimables dont se composait sa galerie, avait formé un cabinet de dessins qui comprenait plus de 5,000 pièces. Nous pourrions citer quantité d'autres curieux dont les noms ne sont pas moins illustres.

Qui a compulsé les catalogues de vente et certains mémoires du dernier siècle est émerveillé des richesses de ce genre que les amateurs conservaient précieusement. La collection du banquier Crozat, qui embrassait *tout ce qui pouvait tenter un curieux*, depuis les coquilles et les minéraux jusqu'aux chefs-d'œuvre de l'antiquité, comprenait 18,000 dessins. L'honnête et doux Antoine de la Roque, dont le portrait fut la dernière œuvre de Watteau, son ami d'ailleurs, laissait après lui quarante-sept portefeuilles de dessins. Chez Mariette, l'érudit, chez Randon de Boisset, le spirituel ami de Boucher, de Greuze, de Hubert Robert, chez le comte de Caylus, le grand seigneur artiste, chez de Julienne, le grand manufacturier (il fabriquait des draps, ce qui ne l'empêchait point de graver à ses heures), l'admirateur enthousiaste de Watteau, chez la Live de Jully, le brillant dissipateur, nous trouvons, au milieu de mille choses de prix, des dessins et encore des dessins. Cela fourmille au XVIIIe siècle : c'est la passion du jour.

Non-seulement on ramasse les reliques des maîtres anciens, mais les artistes à la mode composent des dessins pour les amateurs qui en bourrent leurs portefeuilles, qui en décorent leurs cabinets et leurs salons. Les amours et les nymphes de Boucher, ces crayons noirs réchauffés de sanguine, d'un ragoût si plaisant, les retours de marché de Huet, à peine teintés d'aquarelle, les scènes galantes de Baudouin, si délicatement enlevées dans le barbotage de la gouache, tout cela s'harmonise à souhait avec les tentures claires, les boiseries gris perle, les cheveux poudrés, les délicates fanfreluches à la mode du jour.

Ces épaves d'un autre âge sont un peu dépaysées dans notre siècle. Elles jurent avec nos habits, nos mœurs, notre art lui-même, Ce n'est que dans l'atmosphère tranquille d'un cabinet d'amateur qu'elles retrouvent leur grâce native. Il n'est rien d'aimable en vérité comme l'impression qui se dégage d'une semblable réunion. La tonalité discrète et fine des dessins, la simplicité des cadres, l'inachevé de bien des choses, tout concourt à faire de cet ensemble comme un musée de souvenirs. On n'entre pas sans une certaine émotion dans ce sanctuaire et l'on éprouve, pour celui qui a réuni ces feuilles volantes et qui a vécu au milieu d'elles, une respectueuse sympathie.

Pour nous, c'est ce que nous avons ressenti quand il nous est arrivé de pénétrer dans un cabinet d'amateur et c'est peut-être cette impression, éprouvée pour la première fois, il y a longtemps déjà, qui nous a mis au cœur un peu de cette flamme qui nous est chère.

Comprend-on maintenant que si l'amateur est bien aise de montrer ses richesses, il hésite à s'en séparer, qu'il appréhende le grand jour, égal et cru, d'une salle d'exposition ? Et, certes, les faits ne justifient que trop toutes ces appréhensions ! Il y a dans la salle du Cercle artistique quantité de jolies choses de l'école française, d'une facture un peu mince, d'un aspect un peu froid, qui ne se trouvent pas bien de la pleine lumière qui les inonde, et qui, dans le cabinet de l'amateur, placées à leur jour et discrètement éclairées, avaient un tout autre charme. Et puis, dans les expositions, il y a les voisinages dangereux, les contrastes violents, toutes choses que l'amateur sait fort bien éviter chez lui. Enfin, il faut en revenir à cette pensée que nous citions en débutant : « Peu de gens connaissent ce grand bonheur.... » N'est-ce pas dire que bien peu sont compétents pour juger d'un dessin ancien ? Donc, livrer des œuvres si délicates, si subtiles, si difficilement intelligibles, à l'appréciation du public, n'est-ce pas s'exposer soi-même à bien des mécomptes ?

S'arrêter à cette considération eût été de l'égoïsme. Pourquoi le grand public n'apprendrait-il pas à son tour à connaître et à aimer les maîtres en les étudiant dans leur intimité ? Pour beaucoup, cette exposition sera, croyons-nous, une révélation : elle fera naître des amateurs ; elle répandra le goût d'une curiosité délicate entre toutes. Les collectionneurs marseillais auront fait leur devoir : cette conviction sera leur meilleure récompense.

II

L'exposition du Cercle artistique compte près de deux cents dessins. La plupart sont des œuvres composées, achevées, complètes, des *dessins d'ordonnance*, comme on disait au XVIIe siècle. Ces dessins plus intelligibles que des croquis et offrant d'ailleurs l'attrait du sujet, ont d'autant plus de prix que les morceaux de l'école française du XVIIIe siècle, si recherchés aujourd'hui, y sont en majorité, C'est pour le public une véritable bonne fortune.

Nous aurions certes fort à faire si nous voulions apprécier en détail toutes choses, citer tout ce qui est bien ; nous craindrions, du reste, de lasser le lecteur. Nous nous bornerons à nous arrêter avec lui devant quelques cadres qui nous ont paru intéressants entre tous.

Une des curiosités de cette exposition ce sont les dessins de Puget. Le Michel-Ange français a, comme sculpteur, la grande popularité qu'il mérite. En dehors d'un petit cercle d'érudits et d'amateurs, on ne connaît guère Puget comme architecte, comme peintre, comme dessinateur ; on ignore à quel merveilleux degré Puget fut, selon l'expression d'un de ses biographes, un talent souple et fécond.

L'œuvre de Puget est fertile en surprises. Ce qu'on sait de la vie du grand sculpteur, ce qu'on connaît de son œuvre de marbre ne laisse point deviner en effet le dessinateur patient, précis et volontaire qu'il y avait en lui. Il n'y a pourtant pas le moindre doute à émettre sur ce point : des témoignages incontestables nous affirment ce côté de son génie.

Puget a dessiné, en outre de ses projets de décoration de vaisseaux, un assez grand nombre de marines, véritables compositions où le navire tel que le concevait sa riche imagination de décorateur joue, il est vrai, le principal rôle, mais où les eaux, le ciel, le paysage, la figure humaine sont traités avec un talent très particulier et une habileté de main sans égale. Notre regretté compatriote, Léon Lagrange, qui a consacré à Puget, un livre substantiel, caractérise en quelques mots fort justes ces productions uniques dans l'histoire de l'art français : « Supposez un moment que Puget ignorant son génie de statuaire, ait produit seulement les dessins de marine dont j'ai dressé la liste, il y aurait là une personnalité originale et saisissante, un artiste dans le goût de La Fage, une de ces curiosités de l'art qui passionnent les amateurs, désarment la critique et provoquent les recherches de l'érudition. On opposerait Puget à Vernet, la marine héroïque à la marine familière. On lui ferait un piédestal de ce qui n'est qu'un accident inaperçu de sa vie d'artiste. »

Les marines de Puget étaient en général sur vélin, à la plume et lavées d'encre de Chine. Nous en trouvons, au Cercle Artistique, deux, exécutées par ce procédé, qui sont particulièrement intéressantes. La plus grande nous montre une galère, les voiles à demi repliées, les rames en mouvement ; on aperçoit une escadre dans le lointain. Au premier plan, sur le rivage, un personnage en costume antique, dans l'attitude du commandement, des portefaix déchargeant des fardeaux. Dans le fond se déroule le panorama de Marseille : on reconnaît la butte des Moulins. Dans le ciel court une banderole avec cette inscription : « *A Monsieur Bontems par son très obéissant serviteur P. Puget.* »

L'autre marine représente un chantier de construction. Un vaisseau vu par l'arrière vient d'être mis à l'eau. Un homme dans une barque tire sur un câble. Le rivage est jonché de débris et de ruines antiques, — pilastres tronqués, riches chapiteaux.

Ces deux ouvrages sont incontestablement de la main de Puget; ils répondent de tous points d'ailleurs au signalement que donne M. Léon Lagrange de ces sortes de compositions : « Tantôt des galères passent légèrement à côté d'un vaisseau opulent ; tantôt ces grandes machines dorment tranquilles dans un port.... Et toujours les poupes étalent leurs richesses, ciselées du bout de la plume avec autant d'art que par le ciseau ; et toujours la science du maître se répand en détails imprévus ; ici, une pièce de canon négligemment jetée sur le rivage ; là, pour amarrer les cordages, au lieu d'un pieu, un chapiteau antique ; dans les lointains, des colonnades, souvenirs du forum romain ; et toujours, la figure humaine nue ou drapée, portefaix musculeux, guerriers superbes, matelots affairés, des bras, des torses, des épaules, langage familier de la science anatomique. L'exécution fait valoir toutes ces beautés. La plume se promène sur le ciel et sur la mer avec la précision et la netteté d'un burin : Claude Mellan n'a rien gravé de plus propre. Le pinceau couvre le vélin de demi-teintes transparentes, ménage des blancs lumineux auxquels il oppose des ombres vigoureuses. La plume et le pinceau s'unissent pour modeler les sculptures, relevées de noirs piquants, qui ajoutent un effet vibrant à cette harmonie veloutée. »

Ces indications, qui s'appliquent si bien aux deux marines qui nous occupent, M. Lagrange les a recueillies dans une trentaine de pièces qu'il a vues, soit au Louvre, soit à la bibliothèque de l'Ecole de médecine à Montpellier, soit à Alençon chez M. de

Chennevières, soit chez des amateurs de Toulon, Aix et Marseille.

Nous retrouvons au Cercle artistique une suite d'immenses dessins : l'*Enlèvement d'Hélène*, *Achille reconnu par Ulysse*, etc., que nous avions vus déjà à l'Exposition organisée en 1861, à l'occasion du Concours régional. Aujourd'hui comme alors, on les donne à Puget. Cette attribution nous paraît des plus contestables. Que ce soient là des œuvres contemporaines de Puget, nul doute à cet égard. Mais nous ne reconnaissons dans ces ouvrages ni le sculpteur, ni le peintre, ni le dessinateur que l'on sait. Le dessin, d'un style emphatique, est rond et sans nerf ; les figures sont italiennes par le caractère. C'est vraisemblablement l'œuvre d'un peintre napolitain ou génois, familiarisé avec l'ordonnance des grandes machines décoratives de ce temps-là.

M. Lagrange, qui avait pu, comme nous, voir ces dessins en 1861, les cite pour mémoire dans son livre sur Puget et les attribue à Toro.

Lebrun, le grand décorateur des palais de Louis XIV, est représenté par un dessin très mouvementé et d'un curieux arrangement. C'est vraisemblablement un projet de tapisserie pour les Gobelins. L'encadrement s'y mêle avec art à la composition, qui représente la *Victoire de Constantin*.

A l'école française du XVIIe siècle appartiennent également deux intéressants dessins de Sébastien

Bourdon. Le plus important des deux, la *Peste en Egypte,* (ne serait-ce pas plutôt la *Piscine miraculeuse* ?) est une grande page écrite d'une main légère et facile, où le peintre a mis, avec une savante ordonnance, la clarté, l'amabilité et la finesse. C'est un vrai dessin de maître. L'autre, une *Sainte Famille*, n'est qu'un croquis à la sanguine. Il a tout le caractère des eaux-fortes de Sébastien Bourdon. Cette première idée, librement jetée sur une feuille volante, où le pouce s'est promené sur le paysage pour en indiquer les masses, où le crayon a mis dans les figures de si rapides et de si pures accentuations, surtout dans celles du divin *bambino* et du petit Saint-Jean, nous révèle l'artiste dont on s'est plu toujours à reconnaître la vive imagination et le travail plein de feu.

C'est un dessin d'un fier et doux caractère que la *Flagellation* de J.-B. Vanloo. Le corps du Christ est d'une rare élégance et la tête d'un beau sentiment. Nous possédons une gravure en contre-partie de ce dessin avec certains changements ; elle lui est d'ailleurs de beaucoup inférieure comme caractère et comme correction. Dageville, dans la biographie qu'il a donnée de J.-B. Vanloo, dans les *Hommes illustres de Provence*, cite une *Flagellation* que l'artiste aurait peinte à Rome et qui se trouvait de son temps à Santa-Maria della Scalla. Il la range parmi les plus belles œuvres du maître. Sans doute le dessin exposé au Cercle artistique est une première idée du tableau de Rome, mais où l'artiste a apporté toute sa science et tout son art.

Avec Vanloo, avec Lemoyne, avec Natoire, nous franchissons le seuil du XVIIIe siècle. Les *Baigneuses*, de Lemoyne, montrent surtout les qualités d'un dessin de peintre. L'auteur d'*Hercule filant aux pieds d'Omphale* avait, semble-t-il, quelques gouttes du sang des maîtres vénitiens ; et c'est en effet l'œuvre d'un coloriste que cette sanguine sabrée de hachures, où les masses d'ombre et de lumière sont puissamment indiquées où des corps de femmes, souples et rosés, surgissent d'un assez brutal crayonnage. Natoire est représenté par un dessin chantourné, *Psyché recueillie par des bergers*. Ce dessin au crayon noir rehaussé de blanc sur papier bleu a été fait par Natoire pour l'un des tableaux en voussure qui entourent le plafond du salon rond de l'hôtel de Rohan-Soubise, actuellement les *Archives nationales*, rue des Francs-Bourgeois, à Paris, et qui représentent les principales scènes de l'histoire de Psyché (1). Ce motif de trumeau, d'un maniérisme facile et galant, nous conduit aux pastorales de Boucher.

(1) La suite de ces peintures a été gravée pour la coquette édition de *l'Amour et Psyché* que vient de publier M. A. Quantin. (Paris 1878.)

Boucher, c'est là le nom qui rayonne sur l'art français du XVIIIe siècle. Ecoutez les frères de Goncourt : « Boucher est un de ces hommes qui signifient le goût d'un siècle, qui l'expriment, le personnifient et l'incarnent. Le goût français du XVIIIe siècle s'est manifesté en lui dans toute la particularité de son caractère : Boucher en demeurera non-seulement le peintre, mais le représentant, le type (1). »

La faveur dont Boucher jouissait de son temps, ses œuvres l'ont reconquise de nos jours. Aujourd'hui comme jadis, il provoque pourtant de justes critiques. Diderot, qui fut toujours, il est vrai, sévère pour lui, disait de Boucher : « C'est un faux bon peintre, comme on est un faux bel esprit. » Et il faut bien reconnaître qu'il y a du vrai dans cette sentence. Mais Boucher plaît malgré ses défauts et un peu même à cause d'eux. On ne s'inquiète pas de lui voir casser bras et jambes à ses déesses, reproduire toujours les mêmes types, revenir aux mêmes attitudes, aux mêmes airs de tête, à la même expression. Il tire si bon parti de tout cela ! Son incorrection même n'est pas sans charme : elle va bien avec la rocaille des étoffes, le maniérisme du paysage, le bric-à-brac galant qui encombre ses compositions, Et puis, il y a chez lui une si aimable facilité, une liberté de main

(1) Edmond et Jules de Goncourt. — *L'Art du dix-huitième siècle.*

si habile, un goût si particulier, et par dessus tout une si jolie pointe de volupté ! Il ressort de cet ensemble de piquants défauts et de qualités faciles un talent vivace et personnel, un maître. — « N'est pas Boucher qui veut ! » a dit David.

Boucher fut un prodigieux crayonneur. Il avouait avoir produit plus de dix mille dessins. La pierre noire, la sanguine, le bistre, le crayon blanc, maniés par lui avec une dextérité sans égale et souvent combinés avec bonheur, lui permettaient de produire des œuvres d'effet très divers. Parmi les dessins de Boucher exposés au Cercle Artistique, nous en citerons deux qui caractérisent bien par leur contraste le talent flexible du dessinateur.

L'un est un dessin sur papier gris, au crayon noir rehaussé de blanc. Il représente *Vénus et Adonis*. Cette composition fut faite par Boucher pour illustrer la traduction des *Métamorphoses d'Ovide*, de l'abbé Banier, un de ces livres splendides comme le XVIIIe siècle seul a pu en produire. A l'illustration de celui-ci a concouru l'élite des dessinateurs et des graveurs du temps, Boucher, Moreau, Eisen, Cochin, Monet, etc. Le dessin de Boucher a été gravé en contre-partie par Massard.

L'ART, dans son numéro du 11 mars 1877, a reproduit en fac-simile un dessin de la même suite, de pareille grandeur et de même caractère. Des figures et divers détails se retrouvent dans les deux compositions. Elles sont bien certainement de la même main. On a élevé quelques doutes pourtant sur l'authenticité du dessin qui figure au Cercle : nous ne les partageons pas. C'est bien là le crayon coulant et souple de Boucher; mais, ne l'oublions pas, nous avons sous les yeux un dessin fait pour un graveur ; c'est dire que l'artiste a dû se préoccuper d'être précis et clair (1).

Dans l'autre dessin, sur lequel nous appelons l'attention de nos lecteurs, Boucher a fait, avant tout, œuvre de peintre. *La Messagère d'amour* — tel est, dans un langage décent, le motif de la composition — est une véritable esquisse. Il suffit ici à Boucher d'une fleur de sanguine sous un libre et nerveux crayonnage à la pierre noire pour exprimer toutes les valeurs de ton, et aussi la souplesse et la fluidité de la pâte, pour donner à son dessin l'enveloppe et l'effet d'une peinture.

Citons aussi une *Nativité* à la plume, jetée avec feu, et un petit dessin sur vélin pour une édition de Molière bien connue des bibliophiles. Ce croquis un peu

(1) Ce dessin a fait partie, ainsi que toute la suite des dessins originaux pour les *Métamorphoses d'Ovide*, du cabinet Thibaudeau. A la vente de la collection, les dessins de Boucher, qui étaient de plus grand format que les autres, furent vendus séparément. M. le baron Portalis dans son livre sur les *Dessinateurs d'illustrations au XVIIIe siècle* indique comme appartenant à M. Magne à Marseille le dessin de *Céphale et l'Amour*, et comme appartenant à M. Féral, expert à Paris, le dessin de *Vénus et Adonis*. Il y a là sans doute une simple interversion de noms.

sommaire est-il du maître ? Nous n'oserions l'affirmer. Ce que nous savons, c'est que la suite des dessins originaux de Boucher pour l'illustration de Molière appartient à M. de Rothschild, qui l'a payée 26,900 fr. Nous trouvons ce renseignement dans le livre que vient de publier le baron Roger Portalis sous ce titre : *Les Dessinateurs d'illustrations au dix-huitième siècle* (1).

Ce serait se faire une idée fausse de l'art au dix-huitième siècle que de penser, d'après ce que nous venons de dire, qu'il gravita autour de l'étoile de Boucher. Le peintre de la Pompadour est certainement le type du goût de l'époque, mais d'autres individualités eurent aussi une influence marquée sur le mouvement artistique de cette période. Nos lecteurs ont déjà nommé Watteau et Fragonard.

De ces deux maîtres, l'exposition ne possède que de menus croquis, de toutes petites pages : ces reliques ont bien leur prix. Watteau fut un dessinateur passionné, bien qu'il n'ait jamais fait que des études ou

(1) Cette suite de dessins provenait de la vente de la bibliothèque de M. le baron Jérôme Pichon, effectuée en 1869.

Le *Guide de l'amateur de livres à figures* de M. Henry Cohen (3e édition), nous apprend que le catalogue de Fontaine, pour 1872, mentionnait un exemplaire des *Œuvres de Molière* renfermant quatre dessins originaux de Boucher, à la mine de plomb, sur vélin, parmi lesquels celui pour les *Fourberies de Scapin*. Et c'est encore un dessin sur ce même sujet que nous trouvons à l'exposition du Cercle !

des croquis. Mais, dans ces feuilles volantes, quelle observation intelligente, quelle interprétation mordante, accentuée, spirituelle de la figure humaine ! Que de vérité et de distinction à la fois ! Les dessins de Watteau sont la joie des amateurs. Ils étaient déjà appréciés de son temps. M. de Julienne, son admirateur et son ami, ne trouva rien de mieux pour la gloire de Watteau que de réunir tout ce qu'il put trouver de ces feuilles éparses et d'en faire graver le recueil.

Les deux croquis à la sanguine qui sont au Cercle artistique donnent une idée de ce côté si curieux du talent de Watteau. L'un représente un page, la serviette sur le bras, un flacon à la main ; l'autre contient diverses études de têtes de femme et de mains.

Un bistre ou une aquarelle de Fragonard n'a guère plus de prétention qu'un croquis de Watteau, et c'est chose tout aussi exquise.

Voici une petite page du maître, *Ruines et Lavandières*, toute baignée de lumière blonde, signée à chaque coup de plume ou de pinceau. C'est un adorable fouillis où des chaumières s'adossent à des ruines antiques, où des lierres enlacent un escalier croulant, où de petites figures, hautes comme l'ongle, respirent dans leur fine silhouette l'esprit et la grâce du temps.

III

Nous arrivons à un groupe de petits peintres de l'école de Boucher : — Baudouin, Moreau le jeune, Eisen, Le Prince, Cochin, etc., plus en faveur aujourd'hui qu'ils ne le furent jamais peut-être. Leur talent moins ambitieux que celui du maître, circonscrit dans une sphère plus modeste — la peinture de genre ou l'illustration des livres, — a produit en somme les documents les plus variés, les plus intimes et les plus piquants sur la société, les mœurs et le goût du XVIIIe siècle. Les gravures si spirituelles faites d'après eux leur ont valu dans le monde des curieux et des lettrés une légitime popularité. A défaut des productions originales, les amateurs se disputent aujourd'hui ces estampes. Nous étonnerions fort nos lecteurs si nous consignions ici les prix atteints, en ces derniers temps, en vente publique, par de simples gravures au burin d'après Baudouin et Moreau le jeune.

Les gouaches de Baudoin sont fort rares ; et, chose triste à constater, les quelques pièces qui passent dans les ventes sont presque toujours repeintes, ce qui n'empêche point qu'on ne les paye des sommes folles.

M. Edmond de Goncourt, dans les notes de l'*Art du dix-huitième siècle*, nous explique que les vicissitudes auxquelles ont été soumises ces œuvres si fragiles devaient fatalement amener leur détérioration et que malheureusement elles ont été retouchées par des restaurateurs plus soucieux du goût de l'amateur que du sentiment du peintre, d'ailleurs gouacheurs maladroits, recouvrant d'un travail lourd et pénible les badinages du pinceau de Baudouin : c'est à peine si quelques détails épargnés transpercent çà et là et font reconnaître le maître.

M. de Goncourt dit qu'il n'existe aujourd'hui à sa connaissance que cinq gouaches entièrement de la main de Baudouin, et encore deux de ces pièces ne sont-elles que des essais. Si l'ingénieux écrivain était à Marseille, il en ajouterait certainement une sixième à sa nomenclature.

L'exposition du Cercle artistique est, sous ce rapport, des plus favorisées. Elle possède deux Baudouin, dont un, — *les Enfants-trouvés à Notre-Dame*, — très important, sans la moindre retouche, absolument pur.

Cette œuvre a, sinon son histoire, du moins son

acte de naissance ; il est signé Diderot et Grimm. Nous l'avons découvert dans les *Salons* de l'illustre critique.

La gouache que nous avons sous les yeux figura en effet au salon de 1765. Voici le passage essentiel de l'appréciation de Diderot :

Baudouin. — *La fille qui reconnait son enfant à Notre-Dame parmi les enfants-trouvés, ou la force du sang.*

« L'église. Entre deux piliers, le banc des enfants-trouvés ; autour du banc, une foule, la joie, le bruit, la surprise. Dans la foule, derrière la sœur grise, une grande fille qui tient un enfant et qui le baise. »

« Beau sujet manqué. Je prétends que cette foule nuit à l'effet, et réduit un événement pathétique à un incident qu'on devine à peine ; qu'il n'y a plus ni silence, ni repos, et qu'il ne fallait là qu'un petit nombre de spectateurs. Le dessinateur Cochin répond que plus la scène est nombreuse, plus la force du sang paraît. Le dessinateur Cochin raisonne comme un littérateur, et moi je raisonne comme un peintre. »

Grimm ajoute en note : « De quoi se mêle ce barbouilleur de Baudoin, de traiter un sujet de ce pathétique, avec sa petite manière froide et léchée ? Qu'il reste peintre et poète de boudoir ! »

Que voilà bien Diderot et son ami ! Que voilà bien la critique du temps ! Cette scène composée et écrite comme le serait une page de mémoires intimes, une lettre de Mme du Deffant ou de Diderot lui-même, quand il veut bien n'être qu'un conteur incomparable, ne satisfait point nos deux amis. Ils rêvent une scène de mélodrame comme en compose leur ami Greuze, des figures banalement déclamatoires qui ne nous diraient rien aujourd'hui des mœurs, des grâces et de l'esprit du temps. Consolons-nous donc de l'absence de ce pathétique que nos philosophes déplorent à l'unisson !

Quoi qu'en dise Grimm, Baudouin reste ici et ne veut être que peintre et poète de boudoir. La *Force du sang*, c'est l'épilogue de ce roman dont l'*Enlèvement nocturne*, le *Danger du tête à tête*, le *Fruit de l'amour secret* et tant d'autres pages, d'un sensualisme plus ou moins voilé, sont comme les titres de chapitre.

Dieu nous garde de tenter, après Diderot, la description de cette jolie page ! Nous voudrions pourtant insister sur ce qu'elle a d'artistique : l'harmonie discrète de ce fond de vieille cathédrale sur lequel se détache dans une gamme claire, argentine, la troupe des enfants-trouvés, jolies têtes où le pinceau s'est joué si librement dans la pâte, la foule des curieux noyée dans une pénombre légère, les trois notes claires et brillantes — la robe rose de la dame, l'habit bleu du jeune homme et un voile jaune-soufre, — qui font au centre de la composition une si hardie et si fine résonnance. Que n'aurions-nous pas à dire aussi du balancement du groupe principal, de la distinction des attitudes, du piquant des airs de tête (1) !

Quant à l'exécution même, nous ne saurions mieux faire que de reproduire ici un passage de M. Edmond de Goncourt où le procédé de Baudouin est parfaitement défini. Nos lecteurs n'auront pas de peine à retrouver dans la gouache exposée au Cercle Artistique les indications si caractéristiques de l'écrivain.

« Avoir enlevé la *guazze* à l'emplâtrement des peintres à l'eau italiens, l'avoir renouvelée par la légèreté et l'esprit de la touche, la tenir dans la *vaghesse* d'une ébauche de peintre et de coloriste qui n'a rien du fini froid de la miniature, la vivifier, l'accidenter des badinages d'un pinceau capriolant, la rayer de petits filets de lumière cassée et ressautante, semblables aux rayures d'un patin sur la glace, l'éclabousser d'un pétillement de tons jusqu'alors inconnu, en un mot, en faire cette peinture si bien appropriée aux choses et aux couleurs tendres et gaies du siècle, qu'elle meurt avec lui ; c'est le mérite de Baudouin !.... »

(1) Au verso de ce dessin se trouve, largement esquissée, une première pensée des *Enfants trouvés à Notre-Dame*, différant sensiblement de la composition adoptée en dernier lieu. On peut se rendre compte par là des tâtonnements que provoquait chez l'artiste l'exécution d'une de ces gouaches que l'on croirait enlevées de verve. Ce barbouilleur de Baudouin, comme l'appelle Grimm, composait en réalité avec beaucoup de soin ses petites scènes et il s'y reprenait à bien des fois pour en arrêter l'ordonnance.

A côté de cette œuvre si complète et si curieuse, le Cercle Artistique nous offre encore un morceau du même maître, fort digne aussi d'intérêt. Nous ne savons pourquoi on a porté sur le catalogue cette composition sous ce titre : *Le Fruit défendu.* C'est en réalité un premier essai pour le *Fruit de l'amour secret.* Cette gouache a eu le sort de la plupart des ouvrages de Baudouin ; elle a été refaite en grande partie. Les fonds, les accessoires, divers détails des figures sont d'une main étrangère, lourde et gauche, mais le motif principal est intact. La jeune mère, pâle et défaite, à demi renversée sur les gros oreillers, la robe spirituellement chiffonnée, l'enfant dans sa barcelonnette, tout cela est bien de l'aimable gouacheur.

Comme Baudouin, qu'il apprit à connaître en le gravant, Moreau le jeune est un des artistes qui ont le mieux traduit les grâces coquettes, la physionomie de son temps. Quiconque a feuilleté ce magnifique recueil qui a pour titre le *Monument du costume*, sait qu'il n'y a rien d'exagéré dans cette appréciation. Moreau y a conté, dans des scènes de genre où une pointe de sentiment se mêle avec art à l'expression des élégances mondaines, la vie facile, aimable et brillante de la bonne compagnie. Le caprice de la mode y est fixé avec une savante précision, mais le détail de mœurs, la note intime et caractéristique y sont saisis par un observateur très attentif. Ces jolies pages, toutes fleuries de nœuds et de faveurs, fleurant la poudre à la maréchale, où les belles passent livrées à leurs occupations favorites, à la futilité charmante de leurs habitudes, sont comme des mémoires écrits par un Hamilton du XVIIIe siècle.

La scène de *l'Emile* de J.-J. Rousseau, que nous trouvons au Cercle Artistique, a bien cette couleur du temps. *L'Orage* est une composition dans le goût des pastorales de Trianon. La pluie et le vent font rage, la foudre brise le grand chêne sous lequel berger et troupeaux se sont refugiés ; le bétail se sauve effaré, mais la petite bergère tombe pamée dans les bras de son amoureux. Rien d'élégant comme le balancement de ce couple, rien de joli comme la petite femme croquée en quelque coups de plume et qui a la finesse d'une figurine de Sèvres. Ce dessin est signé : « Moreau le jeune, mercredi 2 février 1774. » N'était cette indication, on croirait à un Fragonard.

Un autre dessin de Moreau, *l'Abreuvoir*, — de coquettes bergères dans un paysage d'opéra, — porte cette indication : « Mercredi, le 18 janvier 1785. » Ces divers dessins sont au bistre et à la plume. C'est le bistre des bergeries de Moreau, « une espèce de jaune de soleil, lumineux et charmant. »

On attribue à Le Prince une petite scène : la *Leçon de harpe*, qui sent furieusement son Moreau. Elle a le jet élégant des figures de ce dernier, la grâce et le piquant éclairage de ses compositions. Jolie chose, quoi qu'il en soit.

De LePrince sont bien les petits *Marchands levantins* enlevés à la plume avec tant de verve et de sûreté de main.

C'est encore un peintre d'intérieur très recherché que Lavreince, mais il doit beaucoup de cette faveur aux graveurs qui l'ont interprété. Janinet, dans ses estampes en couleur, a donné aux petites scènes de Lavreince un velouté et une transparence que l'on ne trouve pas toujours dans les originaux. Il y a de la sécheresse et de la froideur dans le *Déjeuner anglais*; les figures se découpent durement sur les fonds nus. A vrai dire, cette aquarelle nous laisse un doute.

Deux petits dessins d'Eisen, c'est assez pour nous apprendre ce que fut le charmant illustrateur. Du peintre, il n'en est guère question aujourd'hui, mais le dessinateur est resté comme l'incarnation la plus originale et la plus délicate du vignettiste du XVIIIe siècle. Les deux motifs de vignette exposés dans le même cadre sont exécutés sur vélin à la mine de plomb. Ce sont bien là *ces ondulations de formes* dont parlent les frères de Goncourt. « Rien d'égal, ajoutent ces critiques si familiarisés avec les affinements de l'art au XVIIIe siècle, rien d'égal à l'adresse, à la facile inspiration dans le badinage et le tâtonnement de ce crayonnage autour des profils, des figures, des habits et des lignes. Ces souffles de dessin ont le mouvement de l'attitude et des personnages, la liberté des étoffes, l'âme de toute une composition. »

L'un des plus féconds vignettistes, C.-N. Cochin, n'est représenté que par un portrait, mais c'est une maîtresse pièce, doublement intéressante et par le talent que l'artiste y a déployé et par le personnage qu'elle représente. Ce portrait est celui de Beaumarchais. Il a été gravé au siècle dernier et reproduit récemment en tête de la jolie édition du théâtre de Beaumarchais de l'éditeur Lemerre. On ne saurait trop admirer le parti que le dessinateur a tiré d'un petit nombre de crayons de couleur pour faire de ce profil nerveusement accentué une œuvre vivante et vraie. Le regard curieux, la lèvre qui respire une fine ironie et semble prête à décocher un trait, nous disent l'homme et l'écrivain.

Cette exposition nous vaudra de faire connaissance avec un portraitiste du siècle dernier complètement oublié de nos jours et qui a eu, paraît-il, son quart d'heure de célébrité, à Marseille du moins. Nous voulons parler de Bernard, l'auteur de deux portraits au pastel qui ne sont pas sans mérite.

Quel est ce Bernard ? Les écrivains spéciaux ne le mentionnent même pas. M. Villot, dans le catalogue du Louvre, cite un Bernard qui peignait des figures dans les paysages de Lantara. Est-ce le nôtre ? C'est peu probable. Celui-ci était beaucoup plus âgé que Lantara, et son caractère, ainsi que nous allons voir, ne pouvait guère sympathiser avec les habitudes irrégulières du célèbre paysagiste.

Nous avons, en effet, trouvé trace de l'auteur de ces aimables portraits. Mme de Simiane, dans ses lettres à M. d'Héricourt, intendant de la marine à Marseille, nous a légué un léger croquis du personnage. Mais ces quelques lignes de la petite fille de Mme de Sévigné, comme les linéaments d'un dessin de maître, nous laissent entrevoir l'homme au physique et au moral.

Le 12 octobre 1733, Serre venait de mourir. Mme de Simiane écrit à M. d'Héricourt pour lui recommander Bernard. Notre peintre s'était, paraît-il, mis sur les rangs pour obtenir la place de dessinateur des galères du roi que la mort de Serre rendait vacante. « Me voici à la tête de tous les Castellanes du monde, commandeurs, chevaliers et autres, pour vous apprendre la mort de Serre, peintre, et vous demander en grâce d'employer tout crédit, et le vert et le sec, pour placer notre petit peintre Bernard, dont l'habileté, le caractère, la sagesse vous charmeront quand il aura l'honneur d'être connu de vous. Qu'il vous doive son établissement, je vous en conjure : c'est une bonne et très bonne acquisition que vous ferez et sans vouloir nous faire valoir, il est heureux que sa famille, le climat et bien des petites circonstances le fixent à Marseille (1). »

(1) Lettres de Madame de Sévigné, ed. Monmerqué.

Grâce à sa noble protectrice, Bernard obtint sans doute la place, car Mme de Simiane écrivait, le 25 février 1734, à M. d'Héricourt : « Je voudrais bien trouver quelque façon de vous témoigner ma reconnaissance, monsieur, qui convînt et fût assortie à toute celle que j'ai dans le cœur pour le bien que vous venez de faire au pauvre petit Bernard. Vous en serez content, c'est un bon sujet ; il répondra par son zèle à toutes vos bontés : voilà qui nous acquittera un peu tous. »

Il est encore une fois question du petit Bernard dans les lettres de Mme de Simiane ; c'est à propos d'un portrait que le peintre doit faire de la sœur de M. d'Héricourt. « Cette aimable sœur était à sa toilette ; Bernard lui a fait la révérence et a pris une première idée du portrait qu'il fera d'elle, dès qu'il aura fini vos ouvrages. »

N'est-ce pas que Bernard n'est plus maintenant pour nous un inconnu ? Ne le voyez-vous pas, ce petit peintre, de complexion délicate, peut-être même un peu maladif — le climat du Midi lui est nécessaire — doux et révérencieux, attaché à ses devoirs de famille, *bon sujet*, en un mot ? C'est bien l'homme de la peinture que nous avons devant nous. Zélé, habile et sage, il l'est dans son travail. Comme l'a dit Bachaumont de Péronneau, comme on pourrait le dire de tous les pastellistes du temps, Latour et Chardin exceptés, « il cherche la manière de la fameuse Rosalba, mais il est moins bien grand qu'elle. » Notre petit Bernard approche en effet de la couleur fraîche et délicate de la célèbre Vénitienne, mais il est froid et maniéré : c'est l'homme à la révérence.

IV

Si Watteau fut par excellence le peintre des fêtes galantes, Lancret, son émule, peut être considéré comme le peintre des conversations. C'est par cette appellation que le désigne un de ses biographes. C'est à lui, en effet, qu'il faut demander la physionomie des salons du temps, de ces salons où l'on causait et qui étaient, pour les nouvelles du jour, les indiscrétions, les critiques et les médisances, ce que sont aujourd'hui les journaux d'information, avec une nuance de bon ton que ceux-ci n'ont pas toujours.

C'est précisément par une des compositions auxquelles il excellait que Lancret est ici représenté. La *Conversation* nous introduit dans un salon du XVIIIe siècle, au meilleur moment de la soirée. La pièce est décorée d'une riche architecture à pilastres. Des dames sont assises à une table de jeu ; un abbé se penche et les conseille. Non loin de là, un groupe s'est formé autour de la Célimène du lieu. La dame joue de l'éventail, approuvant du geste, du regard ou du sourire, les choses aimables ou spirituelles qui se débitent autour d'elle. Les petits-maîtres, renversés sur leur chaise ou penchés sur leur canne, sont parfaits de désinvolture. Il y a autour de ce groupe un frémissement de choses ailées. On devine que l'amour ou la galanterie est le principal sujet de la conversation. Tout auprès se tiennent des nouvellistes, attentifs et chuchotants. Le peintre s'est représenté dans un coin, tout à fait à gauche, dans un personnage lisant une gazette. De l'autre côté de la composition apparaît une façon de financier, les basques flottantes, le jarret tendu, suivi de deux laquais portant des sacs d'écus : c'est Turcaret arrivant au jeu. Entre les pilastres, on aperçoit le dressoir chargé de vaisselle. Sur le premier plan sont placés divers accessoires pittoresques, des rafraîchissoirs et des aiguières, un chapeau et une canne posés sur un tabouret. Il y a, dans cette composition si bien étoffée, un grand art d'arrangement, la science d'un metteur en scène, infiniment de variété dans les attitudes, dans les gestes, dans les physionomies. C'est l'œuvre d'un observateur et d'un artiste. Ajoutons que ce dessin, vivement enlevé à la plume et poché de bistre au pinceau, est d'un effet très piquant.

Passer de Lancret à Greuze, c'est aller des salons

dorés de l'aristocratie, aux intérieurs bourgeois du XVIIIe siècle, c'est suivre d'ailleurs l'esprit même du temps qui, après s'être complu aux œuvres aimables et enjouées des peintres des fêtes galantes, se passionna pour les scènes morales et pathétiques que la plume et le pinceau reproduisirent à l'envi pendant les dernières années du siècle.

Des divers dessins attribués à Greuze qui figurent au Cercle artistique, il en est un — et c'est le plus important de tous — qui a bien le caractère des compositions du maître et l'esprit de sa facture. La *Fille coupable* est un de ces sujets mélodramatiques qu'affectionnait Greuze et dont s'enthousiasmait Diderot. Ce fut l'illusion de ces deux esprits généreux et ardents de vouloir moraliser directement par les arts, faire détester le vice ou aimer la vertu à l'aide d'une fiction peinte ou écrite. Greuze croyait sans doute avoir une mission à remplir. Au bruit des applaudissements des philosophes et de la foule, il s'était persuadé de l'importance de son rôle et il en écrivait parfois aux journaux. C'est ainsi qu'il adressa au JOURNAL DE PARIS une lettre sur la pensée qui lui avait inspiré le tableau de la *Belle-mère*, une de ses compositions les plus sombres.

Diderot d'ailleurs ne tarissait pas. Un jour, à propos du *Fils ingrat* et du *Fils puni* il ne sait plus comment louer ces scènes, dont l'exagération et le ton déclamatoire sont aujourd'hui pour nous si choquants. « Mon ami, s'écrie-t-il, ce Greuze va nous ruiner ! »

Nous ne savons ce qu'a pu dire le critique de la composition que nous avons sous les yeux, mais à coup sur elle était faite pour lui plaire. Un vieillard, — le père de famille, — tempérament apoplectique, vient de se faire tirer une palette de sang. La jambe est nue. La cuvette est à ses pieds. Le chirurgien achève le pansement. En ce moment, une jeune fille, ou plutôt une jeune femme, dont la situation intéressante n'est que trop visible, entre ; elle couvre son visage de ses mains. Une sœur aînée l'accompagne et semble dire : la voilà ! pardonnez lui. Mais le vieillard fait un geste d'horreur. Tout ce qu'il y a en lui de sentiments honnêtes se révolte, en présence de celle qui vient de déshonorer son nom. Ce n'est plus un père, c'est un juge. Derrière lui, dans un coin du tableau, la vieille mère, partagée entre la douleur et la pitié, et à ses côtés une fillette curieuse qui épie, une de ces jolies têtes d'enfant précoce, au front arrondi, aux grands yeux humides, exprimant l'innocence et le désir, qui naissaient avec tant de facilité sous le pinceau de Greuze.

La scène, comme on voit, est lisiblement écrite, elle est soulignée en quelque sorte par l'expression de chaque figure. Le dessin grandement traité est comme balayé au pinceau, ce qui n'empêche point, qu'il produise, à petite distance, l'effet d'une œuvre achevée.

Un tout petit dessin d'une belle tonalité dorée est également attribué à Greuze. C'est probablement un motif de vignette. Il est traité d'une main fort habile.

Quelques petits peintres de la fin du XVIIIe siècle procèdent de Greuze. Ils se sont attachés, il est vrai, à imiter ses airs de tête, ses figures ou son arrangement, bien plus qu'à le suivre sur le terrain de la prédication morale où il était passé maître, et en cela ils ont été bien inspirés. En agissant ainsi, ils se sont préoccupés seulement des qualités vraies du peintre ; mais hâtons-nous de dire qu'il ne l'ont point égalé.

Au nombre de ces imitateurs est Pierre-Alexandre Wille, le fils du célèbre graveur. En feuilletant les mémoires, d'une si franche intimité, qu'à laissés le père, nous voyons le jeune homme se former à l'école de Greuze et s'essayer à ces figures à la sanguine ou aux crayons de couleur qui reproduiront les types familiers à son maître et dont il se fera une spécialité. Ce ne fut point un talent facile et abondant que celui de Wille fils. Il tenait de son père les lenteurs calculées du graveur, mais il en avait aussi la volonté studieuse, la sincérité. Son père nous apprend que tel dessin qu'un autre eut enlevé en quelques heures, a coûté à son fils de longs jours de travail. Mais l'ouvrage était fait d'après nature ; et, en dépit d'une exécution pénible, cela saisissait par l'accent de vérité.

Il est touchant de lire les courtes appréciations de Wille sur les ouvrages de son fils. Au jour de l'an ou pour la veille de la St-Jean, fête de Wille, le fils ne manquait point d'offrir à son père quelque dessin de sa façon. Le graveur consignait le fait dans son journal avec un petit mot élogieux pour l'artiste. — « 1er janvier 1767. Mon fils aîné m'a donné un dessin représentant un *mort aux rats* avec sa femme qui est derrière lui. Ce dessin au crayon rouge est très joliment fait. »

Wille fils fut agréé par l'Académie de peinture, le 25 juin 1774. Le père note le fait avec une satisfaction bien légitime et en constatant « l'applaudissement presque universel » qu'il motiva.

Nous trouvons au Cercle Artistique deux dessins aux crayons de couleur qui nous permettent d'apprécier ce curieux talent, Ce sont des figures isolées et à mi-corps. La *Lettre* nous montre une jeune femme en toilette d'intérieur, renversée sur les coussins d'une bergère et tenant une lettre de la main gauche. Elle est coiffée d'un *battant l'œil* noué d'une *fanchon* ; elle paraît avoir pleuré. La tête est très expressive ; certaines parties sont fort bien rendues, les mains et la gorge notamment.

Ce dessin est daté de 1772, il se rapporte sans doute au tableau que fit Wille vers ce temps-là sur le même motif et que le père cite comme la première œuvre importante de son fils. Ce serait du moins la figure principale de la composition. « Ce tableau, dit le père, fait plaisir par la vérité du dessin, l'expression, la bonne couleur, etc. » Il a été, croyons-nous, gravé par Cathelin sous ce titre la *Nouvelle affligeante*.

L'autre dessin de Wille fils représente une jeune femme prenant du chocolat ; la dame est coquettement attifée, sous les armes ; son œil bleu a une douceur provocante. Cette figure, qui a la sincérité d'un portrait, confirme ce que nous apprend le père du soin qu'avait Wille de travailler toujours d'après le modèle.

Les dessins de Wille fils sont aujourd'hui plus en faveur que de son temps ; ils ont le mérite de documents très exacts sinon très artistiques, et accusent une agréable recherche de l'expression.

Freudeberg, en s'inspirant de Greuze, réussit à faire tenir dans de petits cadres des compositions familières heureusement conçues et largement traitées. C'est le peintre de l'*Accordée de village*, vu par le petit bout de la lorgnette, dépouillé d'ailleurs de tout le fatras déclamatoire de l'ami de Diderot, un vrai petit peintre de genre d'une très grande habileté. Ce Suisse, devenu assez Parisien pour illustrer avec Moreau, Eisen et toute la bande des vignettistes, les productions de la littérature du jour, mais avec une infériorité appréciable, avait besoin des sujets les plus familiers pour être tout à fait lui-même. C'est par deux ouvrages de ce genre qu'il est ici représenté. *Le Marchand d'images* et *le Retour du soldat*. Ces deux aquarelles ont figuré à la vente du cabinet de Brochant, ancien administrateur de l'Hôtel-Dieu, en 1774, dont Glomy rédigea le catalogue. Ce Glomy, soit dit en passant, s'était fait, au siècle dernier, une certaine notoriété parmi les curieux pour son habileté à ajuster un dessin en l'entourant d'un filet doré. Son nom est même resté à ce genre de monture, et l'on dit encore aujourd'hui *glomyser* un dessin. Elles furent vendues ensemble à cette époque 176 livres. Leur valeur a plus que quintuplé depuis lors.

Ces dessins sont, du reste, fort jolis. Les têtes, les mains, les accessoires sont touchés par méplats, largement et avec esprit. Les fonds sont étoffés, relevés d'accessoires amusants rendus en quelques coups de pinceau. L'arrangement est des plus heureux. Ici — dans le *Marchand d'images* — le vieux bonhomme, son rouleau à la main, une vieille femme à bésicles qui marchande, une jeune mère, digne de Greuze, qui se penche, tenant son petit enfant entre les bras, deux petites filles qui chuchotent dans un coin, une fillette qui veut arracher à un jeune garçon l'image qu'il tient à la main. Ce petit groupe joufflu est parfait de mouvement et de naturel. Là, toute la famille groupée autour du soldat qui raconte, le père souriant, la vieille mère attentive, la jeune femme émue, et des enfants, motivant encore de spirituels épisodes : tel ce petit blondin qui s'est emparé du sabre de soldat et qui fait tous ses efforts pour le tirer du fourreau que sa sœur tient à deux mains.

Ces deux morceaux sont traités à l'aquarelle, à la mode du temps, c'est-à-dire avec des tons rompus d'encre de Chine. C'est dire qu'ils n'ont pas les notes brillantes auxquelles l'école moderne nous a accoutumés : ils produisent néanmoins un piquant effet.

Puisque nous venons de parler des Wille, disons un mot de Parizeau qui fut élève du père et qui était en quelque sorte de la maison, ainsi qu'en font foi les nombreux passages du journal de Wille où son nom est cité. Il n'était pas de partie de campagne, de ces parties d'où l'on rapportait une bonne lassitude et de jolis dessins faits sur nature, pas de dîner à la Rapée, de ces dîners où l'on riait si largement, à l'allemande, pas de fête de famille dont Parizeau ne fût. Il offrait lui aussi son dessin au jour de l'an. Celui que nous trouvons au Cercle Artistique, *Vénus et Endymion*, est d'un petit faire maigre et maniéré, qui sent bien son graveur.

C'est encore à l'école de Greuze qu'appartient une tête de jeune fille peinte à la gouache dont nous ne saurions indiquer l'auteur (n. 175 du catalogue). Elle rappelle le type de la *Jeune fille à la cruche cassée*. Les chairs ont la fraîcheur et le velouté des carnations enfantines, le regard respire l'ingénuité. Serait-ce un portrait ? Nous l'avons trouvée, il y a bien des années déjà, dans un petit cadre noir brisé, gardant comme le parfum d'un souvenir de famille. Quoi qu'il en soit, c'est un morceau d'artiste.

Combien de petits maîtres du dix-huitième siècle qui n'eurent de leur temps qu'une demi-célébrité ou qui, éclipsés par le rayonnement des chefs d'école, sont restés ignorés du public ! La critique moderne, si ingénieuse à reconstituer le passé, tire chaque jour de l'oubli quelque intéressante physionomie d'artiste de ce temps-là, et il arrive que quelques-uns de ceux qui furent autrefois des méconnus et des dédaignés, obtiennent ainsi la justice qui leur était due.

C'est ce qui est arrivé aux deux Saint-Aubin, si heureusement mis en lumière, en ces dernières années, par MM. de Goncourt. L'un d'eux, Augustin, était connu comme graveur ; l'autre, Gabriel, qui fut peintre et dessinateur, était complètement ignoré. Nous savons aujourd'hui quels observateurs attentifs et fins étaient ces deux esprits, et avec quelle justesse et quel ragoût ils excellaient à traduire les spectacles et la physionomie de leur temps.

Gabriel de Saint-Aubin, dont nous possédons un grand dessin, *la Sultane favorite* qui vise au beau fracas des étoffes, à la richesse des fonds d'architecture, à la grande allure des personnages, et qui y atteint, avait sans doute, à en juger par cette œuvre, le tempérament d'un peintre d'histoire. Mais ses contemporains, par des motifs qui nous échappent, ne voulurent pas voir en lui ces qualités. Gabriel s'en consola en croquant au vol et pour son plaisir tout ce qui passait à sa portée. « On ne le rencontrait jamais, écrit un contemporain, M. de la Blancherie, qu'un crayon à la main, dessinant tout ce qui se présentait à ses yeux, soit dans les temples, soit dans les amphithéâtres, cours publics ou ventes, et même dans les rues. » L'œuvre ainsi crayonnée de Saint-Aubin est, selon l'expression de MM. Goncourt, la chronique illustrée des faits divers du Paris du XVIIIe siècle. Nous pouvons juger des procédés du dessinateur par le grand morceau exposé au Cercle artistique. Nous y trouvons « ce contour gras, faisant saillir les rondeurs du nu, comme de l'ombre portée d'une ronde bosse, » dont parlent les frères de Goncourt ; « le rayonnement diffus et vague et comme mangé de lumière des morceaux éclairés par un coup de jour » ; nous y trouvons « le fouillis heurté des accessoires » : nous y reconnaissons enfin ces combinaisons hardies de la mine de plomb, de l'encre de Chine, de la sanguine et du bistre, à l'aide desquelles l'artiste obtient ces notes si chaudes et ces jolis reflets.

Un sujet galant d'Augustin de Saint-Aubin, la *Comparaison*, témoigne d'un crayonnage facile, mais aussi d'infiniment moins de science et d'art que chez Gabriel. Il y a pourtant sur ces épaules nues, sur cette tête au profil finement découpé, un nuage de pastel qui a bien son charme.

Parmi les maîtres gracieux de ce temps-là, nous n'aurions garde d'oublier deux artistes provençaux qui n'ont pas la réputation qu'ils méritent. L'un est Dandré-Bardon, l'autre Simon Julien, dit Julien de Parme. Ils sont représentés au Cercle Artistique par d'excellents dessins. Nous n'avons pas à faire ici leur biographie, qui a été esquissée dans divers recueils provençaux. Bornons-nous à rappeler que Dandré-Bardon était né à Aix et qu'il fonda l'Académie de peinture de Marseille. Il était peintre, musicien, poète et littérateur. Il a laissé quelques volumes de prose et de vers. Nous trouvons au bas du dessin exposé au Cercle artistique un distique qui est sans doute de sa main :

> La fortune n'est pas l'objet de ses désirs :
> C'est au sein des beaux-arts qu'il trouve ses plaisirs.

Ce dessin est un projet de plafond qui, comme l'indiquent les vers que nous venons de citer, représente la glorification du goût des arts. Les figures, un peu longues et maniérées, ne manquent pas d'élégance. Julien de Parme, malgré la couleur italienne de ce surnom, était Toulonnais ; il fut élève de Dandré-Bardon et de Carle Vanloo. Il y a pas mal de nerf et de feu, en même temps qu'une belle recherche du caractère, dans son *Télémaque étouffant un lion.*

C'est encore un artiste provençal du XVIIIe siècle que Forty, d'Aix, dont nous trouvons ici un grand dessin représentant *Arsinoë défendant ses fils contre Cyrane*, mais qui se ressent déjà de l'influence des précurseurs de David. Forty fut agréé, comme peintre d'histoire, à l'Académie de peinture de Paris, le 26 juillet 1788. Mais, s'il faut en croire Wille, qui relate le fait dans son journal, il fut bien près d'être refusé.

Le catalogue ne mentionne pas un vaste dessin de J.-M. Pierre, le fastueux directeur de l'Académie de peinture et le successeur de Boucher comme premier peintre du roi. C'est un paysage d'un faire large et facile, peuplé de figures un peu confuses. C'est là sans doute une de ces *bambochades* dont parle Bachaumont, dans ses notes sur quelques artistes de son temps, et que Pierre faisait « quelquefois pour se réjouir. »

Une bacchanale en manière de frise, attribuée à Caresme, est un curieux spécimen de l'art érotique du XVIIIe siècle. On ne saurait, d'une main plus légère, toucher à des sujets plus scabreux. Nous sommes loin des bacchanales antiques que le grand Pan anime de son souffle et que nous traduit Marc-Antoine avec l'énergie farouche de son burin. Les libertés de l'art païen se voilent d'un nuage de poudre à la reine. Ce dessin, aux contours précis et fins, où l'ornement se mêle aux figures avec un merveilleux goût de décoration, ne serait-il pas l'œuvre d'un sculpteur ? Imaginez cette frise voluptueuse, reproduite en marbre par le ciseau d'un Clodion, et vous aurez une de ces choses où une époque s'affirme à la fois par ses corruptions les plus savantes et ses qualités les plus exquises.

V

Ce fut une très aimable et très singulière école que celle des paysagistes du XVIIIe siècle ! Sans attaches dans le passé, sans rapports sérieux avec la nature, également éloignée de la tradition et de la vérité, elle eut cela de particulier qu'elle se trouva en parfaite harmonie avec les mœurs, les idées et les choses du temps. Il ne pouvait en être autrement. L'art s'était modelé sur la société et après avoir fait des déesses à l'image des belles impures, il devait créer des paysages dans le goût des bosquets d'opéra. Boucher triomphait dans le paysage comme dans tous les autres genres. Là encore il donnait le ton, Un paysage de Boucher, c'est en effet l'idéal du *rococo*. Nous regrettons qu'il ne s'en trouve point au Cercle Artistique.

Les frères de Goncourt, auxquels il faut toujours revenir quand on parle du XVIIIe siècle, donnent de Boucher paysagiste une appréciation très complète.

que nous reproduisons ici à défaut d'un dessin du maître :

« Quand, attaché à la manufacture de Beauvais, Boucher peint d'après nature les vues des environs, cours de fermes entrevues sous les arcades ruinées, hangars rustiques abritant des amas de choses, toits de chaume où poussent les fleurs semées par les oiseaux, couvertures de jonc, soutenues par les poutres à peine équarries qui les percent, roues de moulins, appentis rapiécés avec des planches, pigeonniers aux tuiles moussues, margelles des lavoirs dont la pierre s'effeuille sous le genou des lessiveuses, basses-cours où l'œil, s'égare sur les débris, les restes de paille, les vieilles échelles, les brouettes, les paniers à couver — il donne à tout cela une richesse et une abondance de désordre, un pittoresque nouveau jusque-là inconnu et que le XVIIIe siècle a défini d'un mot créé expressément pour Boucher : *le fouillis.* Et pour donner plus de pêle-mêle encore à ses paysages, pour y mettre plus de vie, une confusion et une animation plus étourdissantes, il jettera dans ses ciels des volées d'oiseaux ; à terre, il fera battre les poules, aboyer les chiens, courir les enfants dans les cours, où le pied glisse sur le grain ; par les chemins, il lancera dans la poussière les marches d'animaux, les caravanes de Castiglione, les sorties de l'arche, l'émeute des moutons pressés, les retours du marché avec les baudets tout sonnants de la vaiselle de cuivre qui leur bat au dos. — Paysagiste, Boucher ne semble avoir d'autre préoccupation que celle de sauver à son temps l'ennui de la nature (1). »

Cette page est la clef de tout le paysage au XVIIIe siècle, non-seulement du paysage proprement dit, mais des genres qui s'y rattachent, la peinture des figures rustiques et des animaux. Tout est pastorale, tout est bergerie galante, tout est décor.

C'est en nous plaçant à ce point de vue que nous devons apprécier Huet, dont nous trouvons quelques jolis dessins au Cercle Artistique. Un paysage qui est bien dans sa manière, s'il n'est réellement de sa main, nous montre de jolis bords de rivière qui pourraient être ceux du Lignon. Nous retrouvons le faiseur de pastorales dans l'*Amour corrigé :* une bergère qui fouette l'Amour avec des roses. Quel joli coup de lumière sur la tête du bambin et sur cette jupe en rocaille ! Quel spirituel arrangement ! Une chèvre barbue, la croupe d'un mouton, un coin de paysage, il n'en faut pas plus. Et quelles jolies valeurs de ton ! Grâce à elles, ce motif de vignette, griffonné pour illustrer quelque volume de bouquets à Chloris, est presque un tableau. Citons aussi la *Bonne mère.* — un élégant intérieur. — Mais ici la plume de Huet est un peu sèche. Le dessinateur n'est pas là sur son véritable terrain.

(1) EDMOND ET JULES DE GONCOURT. — *L'Art du dix-huitième siècle.*

Loutherbourg est, dans les dernières années du XVIIIe siècle, l'animalier par excellence. Diderot avait salué en lui un nouveau Berghem. Il y avait, en effet, chez cet Alsacien un sentiment de la nature que le goût du temps n'a pu complètement fausser. Pour nos petits-maîtres et nos marquises, c'était presque un réaliste : le mot, il est vrai, n'existait pas. Il ne se fait point faute pourtant d'arranger ses marches de troupeaux, de les faire pyramider selon la formule académique, de meubler ses compositions d'accessoires amusants. Il est artiste, mais il est poète aussi. Il fait passer dans son monde rustique, dans ses étables, sur ses prairies un souffle bucolique. Et puis il dessine d'un crayon gras et vigoureux, il accentue nerveusement ses figures et excelle à leur donner une physionomie pittoresque. Voyez le *Doux repos des bergers* : comme cela est construit, comme cela est vrai ! N'était la jolie bergère en chapeau gondolé, d'une grâce toute française, on croirait à l'œuvre d'un Hollandais. Les dessins de Loutherbourg ont toujours été fort recherchés : celui-ci est capital. Il appartenait à M. Salze, ancien amateur et agréé à l'Académie de peinture de Marseille, dans la famille duquel il est resté jusqu'en ces dernières années. Il a été gravé par Laurent, un autre Marseillais, et dédié à M. Salze.

Ignace Duvivier cultiva le genre de Loutherbourg, mais en se tenant à grande distance du maître. Ses marches d'animaux se distinguent par un certain sentiment pittoresque, mais le dessin en est lourd et incorrect. Nous trouvons au Cercle Artistique deux compositions de cet artiste : la *Halte du troupeau* et le *Troupeau en marche*.

L'œuvre de Pillement a une physionomie très particulière dans le paysage du XVIIIe siècle. Elle procède de Boucher sans doute, mais avec des qualités très personnelles. Sous des formes convenues, un grand fonds de sincérité, se traduisant par des détails bien observés, rendus avec fermeté et finesse : tels ces délicieux petits lointains. En somme, un très joli paysagiste, ayant une manière bien à lui. Pillement n'a pas été apprécié à sa valeur, en France du moins, car en Angleterre et en Autriche, où il séjourna assez longtemps, ses œuvres étaient très recherchées. Cet artiste, qui fut peintre, dessinateur et graveur, est représenté au Cercle Artistique par d'intéressants morceaux : — les *Pêcheurs*, un grand pastel gras et velouté où se voit un torrent au milieu de roches abruptes ; un autre pastel sur papier bleu, sorte de clair de lune vaporeux d'une touche fort spirituelle ; deux paysages (n. 117 et 120) au crayon noir et à la plume, d'un travail précis, discret et fin, qui est le triomphe de cette main infatigable et adroite, véritable main de graveur ; enfin, un grand croquis, les *Laveuses*.

Est-elle bien de Joseph Vernet cette vaste marine à la gouache représentant une fontaine à l'entrée d'un port, sous un magnifique clair de lune? Elle est assurément digne du maître par le goût pittoresque de la composition et aussi par l'exécution nerveuse des figures; mais la couleur n'a pas les morceaux claquants de la peinture de Vernet. Il est vrai que ceci est une gouache, et que bien des tons se sont sans doute assourdis.

Lallemand, un imitateur de Joseph Vernet, est représenté par un dessin d'une plume un peu grosse, mais d'une tournure élégante. La *Promenade*, c'est une dame suivie de son petit nègre et d'un élégant cavalier tenant un parasol, à qui une vieille femme dit la bonne aventure. La bohémienne traîne après elle une suite picaresque, — âne, singe et petits gueux en guenille. Les deux groupes forment un assez piquant contraste. Un fond d'architecture librement indiqué complète cette spirituelle composition.

Les paysagistes du XVIIIe siècle ont porté en général la peine de la fausseté du genre qu'ils interprétaient. On les a oubliés. Quelques talents sérieux et élevés ont été englobés dans ce discrédit. Hormis un petit nombre d'amateurs marseillais, qui connaît aujourd'hui le paysagiste David? Ce modeste artiste, hâtons-nous de le dire, n'a rien de commun avec l'illustre rénovateur de l'école française. C'était un peintre provincial; il était professeur à l'Académie de peinture de Marseille, vers la fin du siècle dernier. C'est à peu prés tout ce qu'on sait de David. Nous l'avons pourtant en singulière estime sur un petit nombre de dessins de lui que nous connaissons. Le paysage exposé au Cercle est une œuvre assez complète pour qu'on puisse apprécier l'artiste à sa valeur. N'est-il pas surprenant de voir, à la fin du XVIIIe siècle, au milieu des pigeonniers de Boucher et des ruines galantes de Hubert-Robert, un paysagiste préoccupé des belles ordonnances du Poussin, et qui les retrouve avec un sentiment merveilleux et les exprime fièrement par un large travail de plume? Cela ne dit-il pas une nature hautement éprise de son art et qui s'isole dans le passé, fermant les yeux sur les frivolités à la mode? Tel dut être notre David.

Entre tous les oubliés et les dédaignés du XVIIIe siècle, il n'en est point qui ait plus vivement piqué notre curiosité que Pernet, l'auteur d'une belle aquarelle représentant des *Ruines* qui figure à cette exposition. Ce Pernet, qui est-il? d'où vient-il? où vécut-il? Nous n'avons rien pu découvrir sur lui. Comme Hubert-Robert, avec qui il a une très grande affinité, il s'est voué aux ruines, le genre pseudo-littéraire si fort à la mode pendant les dernières années du XVIIIe siècle. Nous avons rencontré souvent de petits motifs de forme ronde figurant soit le péristyle d'un temple, soit les restes d'un aqueduc au milieu d'une végétation capricieuse, légèrement et adroitement enlevés au pinceau, piqués de figures minuscules et signés dans la marge de ce nom énigmatique, — Pernet. Nous en connaissons même des reproductions gravées en couleur par les procédés du temps. Mais sur l'homme, nous n'avons rien, absolument rien.

L'aquarelle exposée au Cercle artistique est l'œuvre la plus importante et la mieux réussie que nous connaissions de cet artiste. Elle a un peu de l'opulence des compositions de Piranesi et beaucoup de la grâce spirituelle des dessins de Hubert Robert. L'arc triomphal, fouillé du bout de la plume comme une nielle de la Renaissance, est d'une riche et harmonieuse coloration ; les petites figures qui l'animent sont fort gentiment troussées.

Puisque nous venons de nommer Hubert Robert, citons un paysage qui lui est attribué, et passons.

Nous arrivons avec Boissieu, représenté par un joli croquis à la mine de plomb, les *Porteurs de chaises* et deux paysages à l'aquarelle un peu froids, mais d'une réelle habileté de main, aux dernières manifestations de l'école française du XVIIIe siècle. Voici, en effet, les deux Swebach : Swebach le père, dit Fontaine, dont nous trouvons une importante aquarelle, la *Danse au village*, aux figures bien campées et traitées d'une main légère ; Swebach le fils, avec un petit dessin réhaussé de blanc, le *Départ pour les courses*, aux silhouettes finement découpées. Voici Carle Vernet, le peintre des physionomies comiques et des types excessifs de l'époque. La *Toilette du clerc de procureur*, si nerveusement dessinée, est une aimable caricature. Elle a tout juste la malicieuse bonhomie d'une page de Mercier. Boilly est, lui aussi, sur la limite des deux époques. La *Jeune fille occupée à moudre du café* est un bon morceau, d'une exécution claire et facile. La *Leçon de musique* serait une fort jolie chose si elle était réellement du maître : nous n'oserions l'affirmer. Ce qui est bien une chose du temps et fort curieuse même, c'est la grande gouache représentant une fête, également attribuée à Boilly.

Avec Prud'hon, nous entrons de plain-pied dans l'école moderne. Quel maître radieux et doux ! quelle recherche exquise de la forme ! quel sentiment de la grâce ! « Gracieux comme Corrége et tendre comme Lesueur », a dit de lui Charles Blanc ; c'est bien cela. Talent complexe et très personnel. La fable prend sous son crayon et ses pinceaux une vie nouvelle. Il se dégage de ses figures, — dieux, héros, nymphes ou déesses — une émotion, une pensée, un rayon adouci : telle la lueur qui s'échappe d'une lampe d'opale. Son œuvre, peuplé de figures aimables, gracieuses, aériennes, est, selon l'heureuse expression des frères de Goncourt, « le songe d'une nuit d'Ionie. » Cet œuvre nous l'avons vu à Paris, réuni par les soins pieux de MM. Marcille, dans une exposition faite au profit de la fille du grand artiste. Nous ne saurions dire le vif intérêt, le charme de cette suite de tableaux et de dessins, compositions allégoriques, figures, portraits, académies et projets de vignettes, formant un ensemble harmonieux. Les dessins surtout nous captivèrent. C'était le génie du maître s'offrant à ses admirateurs, sans arrière-pensée, sans réticences. Il était aisé aussi de se rendre compte des procédés si divers du dessinateur ; il y avait là des dessins au crayon noir rehaussés de blanc, sur papier gris ou bleu, modelés dans la lumière, des plumes larges, hâchées, à grandes tailles, des dessins pointillés d'une précision de rendu rappelant la gravure du temps. La même composition revenait jusqu'à trois et quatre fois. *L'Enlèvement de Psyché*, dont nous trouvons au Cercle Artistique une répétition, y était doublement représenté. L'un des deux dessins, autant qu'il nous en souvient, ne différait pas sensiblement de celui-ci par l'exécution : il était très achevé, d'un travail souple et serré.

Prud'hon avait fait d'ailleurs de cette composition un tableau de grandeur naturelle : il l'avait reproduite ensuite dans une peinture plus petite. Ce dernier tableau a fait partie de la collection Barrhoilet. Nous détachons de la notice que M. Charles Blanc a consacrée à cette galerie une appréciation qui caractérise à merveille le dessin lui-même. « Ce tableau est une image heureuse et souriante, une inspiration d'amour. Psyché, endormie, est enlevée par les zéphirs, sans que le frôlement de leurs ailes trouble son sommeil. Elle s'élève ainsi, caressée par leurs tièdes haleines, et sans doute bercée par les plus doux songes, en attendant que les baisers d'un dieu la réveillent et lui fassent éprouver un tressaillement inconnu. Prud'hon est le seul peintre qui ait senti la grâce de la fable antique. Lui seul pouvait mêler tant de volupté à tant de pudeur ; lui seul pouvait peindre une divinité assez belle pour être aimée de l'Amour.,. » Dans la biographie de Prud'hon, pour l'*Histoire des peintres*, M. Charles Blanc fait, à propos de cette même composition, une remarque fort ingénieuse : « Je ne me lasse point d'admirer comment l'immobilité de Psyché, favorable à ses formes, contraste avec le joyeux mouvement des zéphirs et le frémissement de leurs muscles, mouvement silencieux, contraction légère qui est celle, non de l'effort, mais du plaisir. »

En composant ce grand et beau dessin qui a pour titre *le Récit* et qui représente Homère disant ses vers à quelques pâtres, Evariste Fragonard s'est préoccupé de Prud'hon bien plus qu'il ne s'est souvenu de son père. C'était un artiste de race que cet Evariste, mais élevé au milieu de la réaction davidienne et gagné, comme tous ses contemporains, à la cause des Grecs et des Romains. C'est lui qui, tout enfant, sacrifiait aux dieux du jour en brûlant la collection d'estampes de son père, des estampes où l'art gracieux et galant du XVIIIe siècle était sans doute représenté par ses morceaux les plus fins. Mais quoi qu'il fît, il y avait en lui du sang du peintre de la *Fontaine d'amour*. Il ne pouvait être froid et guindé, ennuyeux et lourd, à l'égal de tant d'autres. Comme Prud'hon, comme André Chenier, dont sa composition nous remet en mémoire quelques-uns des plus jolis vers :

> Quel est ce vieillard blanc, aveugle et sans appui?
> . . . .
> . . . . Vous êtes beaux tous trois.
> Vos visages sont doux, car douce est votre voix.

il sut mettre une fleur de grâce toute jeune et bien vivante, dans ses figures. Tel est ce pâtre qui tend ses bras et ses pieds nus à la flamme, figure d'une forme juvénile et charmante, tel est ce couple, si harmonieusement enlacé, qui écoute le conteur, tel est ce jeune homme qui sert de guide à l'aveugle et dont la tête a déjà l'empreinte de notre moderne rêverie. Poëte, il l'est à un haut degré dans cette composition ; dessinateur, il ne saurait être plus sage, plus correct et plus pur. De telles pages font regretter que cet artiste, auquel nous devons de grandes peintures décoratives à peu près oubliées, n'ait pas suivi résolument l'exemple de Prud'hon. Aujourd'hui, il est perdu dans le rayonnement du nom paternel.

Réattu, c'est l'école de David avec toute la franchise de ses partis-pris, ses exagérations et ses défauts, non sans de sérieuses qualités pourtant. La *Mort de Pison* est remarquable par la belle ordonnance de la composition, mais nous y retrouvons le voyant étalage de la science académique, de larges pectoraux, de grands bras, un dessin accusant à plaisir l'insertion des muscles. Cela nous laisse froid.

Granet est presque notre contemporain ; ses piquants effets d'intérieur font déjà pressentir les artifices de l'art moderne. Il puise pourtant son inspiration chez les vieux maîtres. Devant cet *Intérieur d'église*, ne se croirait-on pas en présence d'un Peter Neefs ? Le fond a la fuyante perspective, la limpide clarté des intérieurs d'église du maître hollandais ; mais le chœur avec ses vieilles boiseries, ses stalles garnies de moines, son énorme lutrin d'une si riche tonalité, révèle un sentiment pittoresque, un ragoût de couleur, précurseur de l'art romantique.

Un grand dessin à l'encre de Chine où se presse un monde de petites figures — quelque fête nationale du temps de la Révolution — est l'œuvre de Grégoire, un artiste provençal peu connu qui paraît avoir eu le talent facile d'un faiseur d'illustrations. Il a gravé d'une pointe fine les planches qui accompagnaient le livre des *Jeux de la fête-Dieu*. Citons aussi un autre vignettiste, Borel, représenté par une composition allégorique sur la mort de Mirabeau.

Nous ne quitterons par l'école française sans nous arrêter un instant devant quelques peintres de batailles, Joseph et Charles Parrocel, Gamelin. De Joseph Parrocel, nous avons un dessin sur plâtre, fort curieux comme procédé, — toutes les lumières sont enlevées à la pointe, — d'une grande liberté et d'une rare élégance. Un *Combat de cavalerie*, de Ch. Parrocel, se fait remarquer par l'énergie avec laquelle il est traité. Mais c'est dans deux ou trois dessins de Gamelin, que se sent toute la furie de la bataille. C'est bien là le choc de cavalerie. Il semble que l'artiste, par le travail affolé de son crayon, par ses tailles longitudinales d'une si étrange hardiesse, par la brutalité de ses rehauts, ait voulu rendre la sauvagerie, la rage d'une mêlée. Comme le disait fort justement quelqu'un à côté de nous, cela est dessiné d'une main de fer.

L'école française est représentée au Cercle Artistique par quelques artistes encore : Marillier, le Barbier l'aîné, Sébastien Leclerc, Oudry, Vien, Subleyras, Monnet, Perlin, Mallet, Xavier Leprince, Demarne, Masquelier, Giry, Constantin. Citer ces noms, c'est dire que les morceaux auxquels ils s'appliquent ne sauraient être dénués d'intérêt.

VI

Nous nous sommes trop attardé à l'école française pour pouvoir apprécier, comme ils le mériteraient, les remarquables spécimens des écoles flamande et hollandaise, italienne et espagnole qui figurent à cette exposition. Notre excuse est dans le goût si vif aujourd'hui pour tout ce qui se rattache à notre école de peinture trop longtemps dédaignée, et dans l'intérêt qu'offrait une suite d'œuvres bien rare à rencontrer.

On ne saurait de même rattacher à un travail d'ensemble les quelques dessins des diverses écoles dont il nous reste à parler. Nous nous bornerons à signaler les plus importants d'entre eux.

Un des plus beaux dessins italiens exposés au Cercle Artistique est une *Vierge* de Garofalo, d'un admirable caractère. La Vierge tient sur ses genoux le divin bambino. Les deux figures sont également belles, les têtes d'une fierté toute divine, les mains élégantes et nerveuses, les draperies d'un jet superbe. Ce dessin à la pointe d'argent porte la marque de la collection du comte de Caylus. Son vieux cadre d'ébène lui sied à ravir, et on le croirait détaché de quelque oratoire de la Renaissance.

Une *Sainte-Famille* du Parmesan a tout à fait l'accent du maître. C'est bien là en effet une de ces Vierges au long cou, aux doigts en fuseau, qu'il répéta si souvent ; ce sont bien les airs de tête, le maniérisme hardi et charmant de celui qui fut l'héritier du Corrège en même temps que le gracieux pasticheur de Michel-Ange.

Le *Mariage de la Vierge* de Gaudenzio Ferrari, nous révèle l'élève du Pérugin, le condisciple de Raphaël, un très grand artiste trop peu connu en France.

L'*Adoration des Mages* du Pérugin, est un dessin bien usé, retouché peut-être en quelques endroits, mais où le maître se retrouve. Il a fait partie des collections Sommers, Joshua Reynolds, etc.

Quelle prodigieuse facilité, quelle hardiesse, quelle entente des raccourcis dans cette *Assomption de la Madeleine* de Luca Cambiaso. On sait que ce Gênois fut le plus fécond des dessinateurs. Les feuilles s'échappaient de sa main, couvertes d'improvisations artistiques, et allaient s'amonceler dans quelque coin de son atelier, et telle était leur abondance que l'on rapporte que sa femme ou sa servante en prenaient des brassées pour allumer le feu. Il y en avait, dans le nombre, peut-être qui ne méritaient pas un meilleur sort. Mais celui-ci est un des plus remarquables dessins de l'artiste et nous devons nous féliciter qu'il ait échappé à ces auto-da-fé domestiques.

Nous trouvons d'Annibal Carrache une *Pieta* admirable de sentiment. La Vierge, les disciples, les saintes femmes, le corps du Christ forment un groupe d'un harmonieux arrangement et d'une pathétique expression. Sur le premier plan, St-Charles Borromée à genoux ; dans le ciel, une gloire d'anges. Ce dessin à l'encre de Chine est exécuté avec une magistrale simplicité.

Le *Crucifiement*, de Guerchin, est un de ces innombrables dessins à la plume que l'artiste jetait avec tant de feu et un si fier griffonement. Il est d'ailleurs fort beau.

Ce sont de bien curieux maîtres que les Tiépolo. On raffole en Italie de leurs croquis et ce n'est pas sans raison. Il y a chez eux une étrangeté piquante, une exagération savoureuse, un raffinement dans le bizarre, qui en font de grands artistes de décadence. Plusieurs dessins intéressants des deux Tiépolo figurent à cette exposition.

La *Vue de Venise* de Canaletto, dans son exécution sommaire, a tout l'esprit des eaux fortes du maître. Cet ondoiement, cet envolement, ce travail de pointe léger et frémissant est admirablement propre à rendre un paysage où tout est lumière.

Nous trouvons aussi deux belles architectures de Panini, — des colonnes et des figures, — exprimées avec une grande simplicité de moyens et beaucoup d'art. Ces deux dessins ont fait partie du cabinet de Mariette.

Si de l'Italie nous passons aux Flandres, nous trouvons également un certain nombre de morceaux dignes d'attention.

Voici une importante composition de David Téniers, la *Danse au cabaret*, comprenant une trentaine de figures : un groupe de fumeurs, des musiciens, une ronde de paysans et des buveurs attablés. Ce dessin est exécuté à la plume, d'une main libre et sûre. Voici une *Kermesse* de Brauwer, dessin à la plume sur parchemin, page bien curieuse par l'expression des physionomies et le caractère des nombreuses figures qui la peuplent. Voici deux compositions d'Henri Roos : l'une, la *Halte*, est une sanguine d'une facture grasse et puissante, d'un grand sentiment rustique ; l'autre, l'*Abreuvoir*, à la plume et à l'encre de Chine, où se voient de jolies figures de cavaliers, décèle plus d'esprit et non moins de sincérité. Van der Doës, avec un troupeau de *chèvres et moutons en marche*, nous rappelle Karel Dujardin. C'est aussi une fort jolie chose que *la Foire* de Villiam Kobell, avec son monde de figures allemandes, d'un type si caractéristique, ses chevaux et ses chiens, tout cela clairement et habilement enlevé à l'aquarelle. Citons également une marine d'Henri Kobell, un paysage au bistre de Both d'Italie, dans le goût de ses eaux-fortes, un paysage avec animaux d'Omméganck.

Le maître par excellence de l'école flamande, Rubens, est représenté par une *Sainte famille*, dessin rehaussé, dont on connaît la gravure par Vorsterman.

Enregistrons enfin à l'actif de l'école espagnole, un dessin de la vieillesse de Goya, *les Musiciens ambulants*.

Et maintenant jetons un regard d'adieu sur toutes ces jolies pages qui font si bien ensemble et qui bientôt, rendues à leurs possesseurs, reprendront leur place sous le jour discret du cabinet. En les voyant si pimpantes, si rajeunies, qu'on nous passe le mot, si heureuses, nous avons pour elles un mélancolique souci de l'avenir. Peut-on savoir, en effet, ce qu'il en adviendra un jour ! Ces feuilles volantes, échappées à tant de hasards, pieusement recueillies et amoureusement conservées, ne seront-elles point de nouveau le jouet des vents ? *Ludibria ventis.....* C'est bien un peu leur devise. Où iront-elles ? Cela rend rêveur qui les aime.

Du moins cette réunion d'œuvres rares et charmantes vivra par le souvenir. Elle ne sera pas sans avoir produit quelques résultats : mis en lumière des richesses artistiques que l'on ignorait, appelé l'attention sur des œuvres d'un caractère tout intime et très délicat, et surtout honoré l'école française. Peut-être aura-t-elle contribué à former de nouveaux amateurs.

Quoi qu'il en soit, cette exposition constituera dans les annales de la Société des Amis des Arts une page attrayante, un document à consulter pour l'histoire des arts et un témoignage en faveur du goût des amateurs marseillais.

CATALOGUE

ALBOUIN.

École Française.

1 — Clair de Lune.

Cabinet de M. de Saint-Jacques

BAUDOUIN (P.-A.).

École Française.

2 — Les Enfants trouvés.

Gouache.

Cabinet de M. Magne.

3 — Le Fruit de l'amour secret.

Gouache.

Cabinet de M. Bensamon.

BERNARD.

École Française.

4 — Portrait.

Pastel.

Cabinet de M. Rave.

5 — Portrait.

Pastel.

Cabinet de M. Ricard.

BOILLY (L.).

École Française.

6 — Jeune Fille broyant du café.

Crayon noir et estompe.

Cabinet de M. Magne.

7 — Fête.

Cabinet de M. Bensamon.

8 — La Leçon de musique.

Aquarelle.

Cabinet de M***.

BOISSIEU (De).

École Française.

9 — Paysage forain.

Dessin aquarellé.

Cabinet de M. Rave.

10 — Les Porteurs de chaises.

Mine de plomb.

Cabinet de M. Rave.

11 — Portrait rehaussé de blanc.

Cabinet de M. C. Rogier.

12 — Paysage.

Aquarelle.

Cabinet de M. de Saint-Jacques.

BOUCHER (François).

École Française.

13 — Vénus et Adonis.

Crayon noir rehaussé.

Cabinet de M. Magne.

14 — Nativité.

Sanguine.

Cabinet de M. Laforêt.

15 — La Messagère d'amour.

Crayon noir et sanguine.

Cabinet de M. L. Brès.

16 — La Danse des Nymphes.

Cabinet de M. Rogier.

17 — Les Fourberies de Scapin.

Mine de plomb sur parchemin.

Cabinet de M. Rave.

18 — Nativité.

Plume et bistre.

Cabinet de M. Ferrié.

19 — Nymphes surprises par un Satyre.

Sanguine.

Cabinet de M. Furby.

BOREL.

École Française.

20 — Mort de Mirabeau.

Plume.

Cabinet de M. Bensamon.

BOTH (Jean).

École Flamande.

21 — Paysage.

Bistre.

Cabinet de M. L. Brès.

BOURDON (Seb.).

École Française.

22 — Sainte Famille.

Sanguine.

Cabinet de M. L. Brès.

23 — La Peste en Egypte.

Bistre.

Cabinet de M. Rousset.

BRAUWER (Adrien).

École Flamande.

24 — Kermesse.

Plume sur parchemin.

Cabinet de M. Rave.

CANALETTO.

École Italienne.

25 — Fête Vénitienne.

Dessin à la plume.

Cabinet de M. Rave.

CAMBIASO (Luca).

École Italienne.

26 — Assomption de la Madeleine.

Dessin à la plume.

Cabinet de M. L. Brès.

CARRACHE (Annibal).

École Italienne.

27 — Pieta, en présence de Saint Charles-Borromée.

Encre de Chine.

Cabinet de M. Rave.

CONSTANTIN.

École Française.

28 — Portrait de P. Puget.

Cabinet de M. Connolly.

COCHIN (C.-N.).

École Française.

29 — Portrait de Beaumarchais.

Dessin aux trois crayons.

Cabinet de M. L. Brès.

CARESME (J.-P.).

École Française.

30 — Frise allégorique.

Plume et lavis.

Cabinet de M. Magne.

DAVID, de Marseille.

École Française.

31 — Paysage historique.

Dessin à la plume.

Cabinet de M. L. Brès.

DOES (Van der).

École Flamande.

32 — Chèvres et Moutons en marche.

Sépia.

Cabinet de M. Rave.

DELAFOSSE.

École Française.

33 — Architecture.

Cabinet de M. Bensamon.

DANDRÉ-BARDON (M.-F.).

École Française.

34 — Plafond.

Cabinet de M. Magne.

35 — Prédication.

Sanguine.

Cabinet de M. Rave.

DETROY.

École Française.

36 — Dessin.

Cabinet de M. Ferrié.

DEMARNE.

École Française.

37 — Animaux.

Cabinet de M. Magne.

DUVIVIER (Ignace).

École Française.

38 — La Halte du troupeau.

Cabinet de M. Magne.

39 — Troupeau en marche.

Cabinet de M. de Saint-Jacques.

DUVERGER.

École Française.

40 — Animaux.

Cabinet de M. de Saint-Jacques.

EISEN (Charles).

École Française.

41 — Vignettes.

Mine de plomb sur parchemin.

Cabinet de M. Rave.

FERRARI (Gaudenzio).

École Italienne.

42 — Mariage de la Vierge.

Dessin lavé.

Cabinet de M. Rave.

FORTY.

École Française.

43 — Arsinoë défendant ses fils contre Cyrane.

Sanguine et lavis.

Cabinet de M. Rave.

FRAGONARD Fils (Evariste).

École Française.

44 — Le Récit.

Cabinet de M. Ferrié.

FRAGONARD (Honoré).

École Française.

45 — Samson vaincu.

Cabinet de M. Magne.

46 — Ruines et lavandières.

Aquarelle.

Cabinet de M. L. Brès.

FREUDEBERG (S.).

École Française.

47 — Le Retour du Militaire.

Aquarelle.

Cabinet de M. Bensamon.

48 — Le Marchand d'Images.

Aquarelle.

Cabinet de M. Magne.

FRANK (Floris).

École Flamande.

49 — Le Festin de Balthazar.

Cabinet de M. Bensamon.

GAMELIN.

50 — Bataille.

Cabinet de M. Ferrié.

GAMELIN.

51 — Bataille.

Cabinet de M. Ferrié.

52 — Bataille.

Cabinet de M. Ricard.

GRANET (F.-M.).

École Française.

53 — Intérieur d'Église.

Aquarelle.

Cabinet de M. Ricard.

GREUZE (J.-B.).

École Française.

54 — Scène familière.

Cabinet de M. Ricard.

55 — Tête d'enfant.

Cabinet de M. M***.

56 — Scène de Famille.

Cabinet de M. Guigou.

57 — Dessin.

Plume et sepia.

Cabinet de M. Rogier.

58 — La Fille coupable.

Cabinet de M. Magne.

GIRY (J.-B.).

École Française.

59 — Orage.

Cabinet de M. L. Gourdan.

GRÉGOIRE.

École Française.

60 — Fête nationale.

Cabinet de M. Ricard.

61 — Petites Miniatures.

Cabinet de M. Bensamon.

GOYA.

École Espagnole.

62 — Musiciens ambulants.

Plume.

Cabinet de M. Rave.

GOLTZIUS.

École Allemande.

63 — Nymphes des Eaux.

Cabinet de M. Rave.

GUERCHIN.

École Lombarde.

64 — Crucifiement.

Plume.

Cabinet de M. Rave.

GIORDANO (LUCA).

École Italienne.

65 — Tritons.

Essence.

Cabinet de M. Rave.

HUET (J.-B.).

École Française.

66 — Scène de Famille heureuse.

Cabinet de M. Rave.

67 — Paysage.

Cabinet de M. M***.

68 — L'Amour corrigé.

Cabinet de M. L. Brès.

69 — La Bonne Mère.

Cabinet de M. Magne.

HUBERT-ROBERT.

École Française.

70 — Paysage.

Cabinet de M. M * * *.

JULIEN DE PARME.

École Française.

71 — Télémaque étouffant un lion.

Cabinet de M. L. Brès.

KOBELL (HENRI).

École Flamande.

72 — Marine.

Encre.

Cabinet de M. Rave.

KOBELL (WILLIAM).

École Flamande.

73 — La Foire.

Cabinet de M. Magne.

KAPPELER.

École Française.

74 — Marine.

Gouache.

Cabinet de M. Gourdan.

KAPPELER.

École Française.

75 — Marine.

Cabinet de M. Laforet.

LAGRENÉE.

École Française.

76 — Deux Têtes d'étude — Jeunes Filles.

Cabinet de M. Rogier.

LALLEMAND (J.-B.).

École Française.

77 — La Promenade.

Plume et encre de Chine.

Cabinet de M. L. Brès.

LANCRET (N.).

École Française.

78 — La Conversation.

Cabinet de M. L. Brès.

LAVREINCE (N.).

École Française.

79 — Le Déjeuner anglais.

Cabinet de M. Magne.

LE PRINCE (J.-B.).

École Française.

80 — Jeune Turque présentant du thé.

Cabinet de M. Magne.

81 — La Leçon de harpe.

Cabinet de M. Rogier.

82 — Marchands levantins.

Cabinet de M. Rogier.

LE PRINCE (Xavier)

École Française.

83 — Déménagement et Foire.

Cabinet de M. Magne.

84 — Paysage avec figures.

Cabinet de M. de Saint-Jacques.

LEMOYNE (F.).

École Française.

85 — Baigneuses.

Sanguine.

Cabinet de M. L. Brès.

LE PARMESAN.

École Italienne.

86 — Sainte Famille.

Cabinet de M. L. Brès.

87 — Annonciation.

Cabinet de M. Rave.

LE BARBIER L'AINÉ.

École Française.

88 — Les Vendanges.

Aquarelle.

Cabinet de M. Bensamon.

LE SUEUR (EUSTACHE).

École Française.

89 — La Cène.

Cabinet de M. Ricard.

LEBRUN.

École Française.

90 — Dessin pour tapisserie.

Cabinet de M. Guigou.

LECLERC (Sébastien).

École Française.

91 — Croquis.

Sanguine.

Cabinet de M. Rave.

LUINI (B.).

École Milanaise.

92 — Tête de Femme.

Pastel.

Cabinet de M. Rave.

LOUTHERBOURG.

École Française.

93 — Le Doux Repos des Bergers.

Cabinet de M. Magne.

94 — Pastorale.

Cabinet de M. M * * *.

MALLET (J.-B.).

École Française.

95 — L'Heureuse Mère.

Gouache.

Cabinet de M. Magne.

MASQUELIER.

École Française.

96 — Vieille Femme.

Dessin au noir rehaussé.

Cabinet de M. Rave.

MARILLIER.

École Française.

97 — Les Rois.

Cabinet de M. Bensamon.

MICHEL-ANGE.

École Florentine.

98 — Sybille.

Cabinet de M. Ricard.

MOREAU (J.-M.) LE JEUNE

École Française.

99 — L'Abreuvoir.

Plume et bistre.

Cabinet de M. Bensamon.

100 — Scène de l'Emile de Jean-Jacques Rousseau.

Cabinet de M. Magne.

101 — * * *.

Cabinet de M. Bensamon.

MOREAU (J.-M.) Le Jeune.

École Française.

102 — L'Orage.

Plume et bistre.

Cabinet de M. L. Brès.

MILET (Francisque).

École Française.

103 — Paysage antique.

Cabinet de M. Rave.

MONNET (Ch.).

École Française.

104 — Dessin.

Cabinet de M. Rougemont.

MURILLO.

École Espagnole.

105 — Saint Jean-Baptiste.

Cabinet de M. Bensamon.

NATOIRE.

École Française.

106 — Scène de l'histoire de Psyché.

Crayon noir rehaussé.

Cabinet de M. L. Brès.

PARROCEL (JOSEPH).

École Française.

107 — Convoi de prisonniers.

Dessin sur plâtre.

Cabinet de M. L. Brès.

108 — Halte militaire.

Cabinet de M. Gourdan.

109 — Bataille.

Cabinet de M. Bensamon.

PARROCEL (ETIENNE).

École Française.

110 — Saint-François-de-Sales couronné.

Cabinet de M. Rave.

PARROCEL (CHARLES).

École Française.

111 — Combat de cavalerie.

Cabinet de M. Rougemont.

PERUGIN.

École Italienne.

112 — Adoration des Mages.

Des collections Sommers, Josuah Reynolds, etc.

Cabinet de M. Rave.

PERLIN.

École Française.

113 — Architecture et figures.

Dessin aquarellé.

Cabinet de M. Magne.

PANINI (J.-B.).

École Italienne.

114 — Architectures.

Deux dessins faisant pendants.

Collection Mariette.

Cabinet de M. Magne.

PARISEAU.

École Française.

115 — Vénus et Endymion.

Sanguine.

Cabinet de M. Magne.

PERNET.

École Française.

116 — Ruines avec figures.

Dessin aquarellé.

Cabinet de M. L. Brès.

PIERRE (J.-M.).

École Française.

116 bis Paysage avec figures.

Bistre.

Cabinet de M. X.

PILLEMENT.

École Française.

117 — Paysage.

Crayon noir et plume.

Cabinet de M. L. Brès.

118 — Paysage.

Dessin gouaché.

Cabinet de M. Connolly.

119 — Les Laveuses.

Crayon noir.

Cabinet de M. Bensamon.

120 — Les Pêcheurs.

Pastel.

Cabinet de M. Magne.

120 bis Paysage.

Crayon noir.

Cabinet de M. de Saint-Jacques.

PUGET (PIERRE).

École Française.

121 — Arrières de Vaisseaux et Galères.

Plume sur vélin.

Cabinet de M. Magne.

122 — Vaisseaux dans la rade de Marseille.

Plume sur vélin.

Cabinet de M. Magne.

123 — Projet de Maitre-Autel.

Plume.

Cabinet de M. Rave.

124 — Marine.

Plume et encre de Chine.

Cabinet de M. Ricard.

125 — Ulysse enlevant Astyanax du Tombeau d'Hector.

Encre de Chine.

Cabinet de M. Abram.

126 — Enlèvement d'Hélène.

Encre de Chine.

Cabinet de M. Abram.

127 — Achille reconnu par Ulysse.

Encre de Chine.

Cabinet de M. Abram.

128 — Hécube arrachée du Tombeau de ses Enfants.

Encre de Chine.

Cabinet de M. Abram.

PUGET (PIERRE).

École Française.

129 — * * *.

Encre de Chine.

Cabinet de M. Abram.

PRUD'HON (P.-P.).

École Française.

130 — Enlèvement de Psyché par les Amours.

Crayon noir.

Cabinet de M. Magne.

131 — Les Quatre Saisons.

Crayon noir.

Cabinet de M. Lagier.

PAPETY (D.).

École Française.

132 — Plafond héroïque.

Cabinet de M. Ricard.

OMMEGANCK.

École Flamande.

133 — Paysage et Animaux.

Plume.

Cabinet de M. Magne.

OUDRY (J.-B.).

École Française.

134 — Le Charlatan.

Sanguine.

Cabinet de M. Magne.

RAOUX.

École Française.

135 — Jeune Fille à la Colombe.

Dessin pastellé.

Cabinet de M. Magne.

REATTU (J.).

École Française.

136 — La Mort de Pison.

Sépia.

Cabinet de M. Magne.

ROOS (Henri).

École Flamande.

137 — La Halte.

Sanguine.

Cabinet de M. Magne.

138 — L'Abreuvoir.

Plume et encre de Chine.

Cabinet de M. L. Brès.

ROSA (Salvator).

École Italienne.

139 — Frise de Cavaliers.

Cabinet de M. Rave.

RUGENDAS (G.-P.).

École Allemande.

140 — Passage de Cavalerie.

Crayon noir.

Cabinet de M. L. Brès.

ROUX (A.).

École Française.

141 — Aquarelle.

Cabinet de M. Ferrié.

RUBENS (P.-P.).

École Flamande.

142 — Sainte-Famille.

Cabinet de M. Bonsamon.

SUBLEYRAS.

École Française.

143 — Prédication de Saint-Jean-Baptiste.

Cabinet de M. Rave.

SWEBACH Fils.

École Française.

144 — Départ pour les Courses.

Cabinet de M. Magne.

SWEBACH Père.

École Française.

145 — La Danse au village.

Dessin aquarellé.

Cabinet de M. Magne.

TÉNIERS (David).

École Hollandaise.

146 — La Danse au Cabaret.

Plume.

Cabinet de M. L. Brès

SAINT-AUBIN (Augustin de).

École Française.

147 — La Comparaison.

Crayon noir pastellé.

Cabinet de M. L. Brès.

SAINT-AUBIN (Gabriel de).

École Française.

148 — La Sultane favorite.

Sépia et mine de plomb.

Cabinet de M. L. Brès.

TIÈPOLO (J.-B.).

École Vénitienne.

149 — Baptême de Notre-Seigneur.

Cabinet de M. Rogier.

150 — Annonciation.

Cabinet de M. Rave.

TIÈPOLO (Dominique).

École Vénitienne.

151 — Centaures.

Plume.

Cabinet de M. Rogier.

152 — Centaures.

Plume.

Cabinet de M. Rogier.

153 — Centaures.

Plume.

Cabinet de M. Rogier.

TISIO DIT LE GAROFALO.

École Florentine.

154 — Vierge.

Dessin à la pointe d'argent.

Collection comte Caylus, etc.

Cabinet de M. Rave.

WATTEAU (ANTOINE).

École Française.

155 — Etude.

Sanguine.

Cabinet de M. L. Brès.

156 — Têtes de Femmes et mains.

Cabinet de M. Magne.

VERNET (CARLE).

École Française.

157 — La Toilette du Clerc de Procureur.

Dessin aquarellé.

Cabinet de M. Magne.

VIEN.

École Française.

158 — Femme allaitant son père.

Cabinet de M. M * * *.

VERNET (Joseph).

École Française.

159 — Marine.

Cabinet de M. Connolly.

160 — Marine.

Cabinet de M. Guirand.

161 — Marine.

Gouache.

Cabinet de M. Bensamon.

162 — Portefaix.

Cabinet de M. M***.

VERDUSSEN.

École Française.

163 — L'Abreuvoir.

Cabinet de M. L. Gourdan.

164 — Paysage avec figures.

Cabinet de M. Rave.

VANLOO (J.-B.).

École Française.

165 — La Flagellation.

Sanguine et sépia.

Cabinet de M. L. Brès.

VÉRONÈSE (P.).

École Vénitienne.

166 — Les disciples d'Emaüs.

Collections Sir Josuah Reynolds, etc.

Cabinet de M. Rave.

VÉREICK (Hans).

École Hollandaise.

167 — Paysage.

Dessin au lavis.

Cabinet de M. Rave.

WILLE Fils.

École Française.

168 — La Lettre.

Dessin aux crayons de couleur.

Cabinet de M. L. Brès.

169 — Jeune femme prenant du chocolat.

Dessin aux crayons de couleur.

Cabinet de M. Magne.

VAN de VELDE.

École Hollandaise.

170 — Marine.

Cabinet de M. Bensamon.

MAITRES INCONNUS.

171 — Sujet historique.

172 — Sujet historique.

Cabinet de M. Ferrié.

173 — Café Florian — Venise.

174 — Les Charlatans.

Cabinet de M. Bensamon.

175 — Tête de jeune fille.

Gouache.

Cabinet de M. L. Brès.

176 — La Fuite en Egypte.

Cabinet de M. Rousset.

177 — Le Char du Soleil.

Cabinet de M. Rougemont.

178 — Tête de jeune fille.

Pastel.

Cabinet de M. Ricard.

179 — Bethzabé au bain.

180 — Femmes au lavoir.

Cabinet de M. Rave.

www.ingramcontent.com/pod-product-compliance
Lightning Source LLC
LaVergne TN
LVHW050422160826
845677LV00002BA/479

* 9 7 8 2 3 2 9 7 3 3 3 8 8 *